X

LE LIVRE

DES

PREMIÈRES CLASSES;

OU

EXERCICES

FRANÇAIS ET LATINS,

A l'usage des Commençans ;

AVEC UN DOUBLE DICTIONNAIRE.

PAR F. D. AYNÈS.

A LYON,

Chez RUSAND, Libraire, Imprimeur du Roi.

Et chez L'AUTEUR,

Instituteur, place des Minimes, N°. 1.

1818.

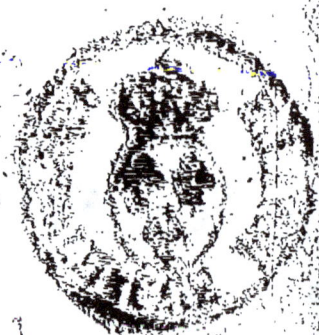

PRÉFACE.

LE but d'un Auteur classique doit être de ménager le temps et la bourse des élèves : c'est ce double objet que nous nous sommes proposé dans la rédaction de ce petit Ouvrage.

Tout le monde convient que l'on fait perdre beaucoup de temps aux enfans, en leur dictant des thêmes et des versions. Si cet inconvénient est grave pour les écoliers déjà avancés, combien le sera-t-il davantage pour des enfans qui savent à peine écrire ? comment sur-tout pourront-ils trouver les mots de leurs devoirs dans le dictionnaire, s'ils ne savent pas parfaitement les lettres qui composent ces mots ? On pourra nous objecter que l'enfant ne saura jamais bien l'orthographe, s'il n'est pas accoutumé à écrire sous la dictée. Nous répondrons à cela que nous ne prétendons pas détruire entièrement l'usage de dicter des devoirs ; mais nous croyons qu'il suffit de le faire une fois par semaine ; le jour de la composition. Afin d'accoutumer les enfans à bien écrire leurs mots, nous conseillons aux maîtres d'exiger que l'élève rapporte sur une copie le français des thêmes et le latin des versions. Par-là l'enfant se formera ce qu'on appelle une orthographe de routine.

Quant à l'économie que l'on doit envisager dans les moyens d'éducation, nous croyons que les parens nous sauront gré de leur éviter la dépense d'un dictionnaire, qui est ordinairement en lambeaux avant la fin des basses classes. D'ailleurs la plupart des dictionnaires qu'en appelle des *Commençans*, suivent une orthographe vicieuse et contraire aux vrais principes que nous établissons dans notre Grammaire française universellement répandue (1). Ajoutez à cela qu'un enfant qui commence le latin, n'a pas encore de discernement pour choisir dans un dictionnaire le mot qui lui convient.

Nous ne parlerons pas des différens Ouvrages de même genre que, depuis le Manuel latin, on a mis entre les mains des enfans : l'expérience prouvera quel est le plus commode et le plus avantageux aux progrès des élèves. Il nous reste à dire un mot du plan que nous avons suivi.

Comme nous pensons qu'il est également avantageux de traduire le français en latin, et le latin en français, nous avons placé alternativement un thème et une version. Dans la première partie, nous passons en revue les principales règles de la Syntaxe. Nous n'avons pas rigoureusement observé l'ordre du Rudiment ; parce que les difficultés

---

(1) La Grammaire dont nous parlons, est d'abord celle de LHOMOND, que nous avons considérablement augmentée, et dont il y a eu huit à neuf éditions ; mais plus particulièrement le *Manuel des Ecoles primaires*, que nous avons dédié aux Frères des Ecoles chrétiennes. Ce dernier Ouvrage est beaucoup plus simple et plus complet que notre Grammaire de LHOMOND ; il mérite sur-tout la préférence, à cause des exercices orthographiques qui accompagnent chaque leçon. Ce *Manuel* se trouve chez M. RUSAND, imprimeur du présent Livre.

n'y

PRÉFACE.

n'y sont pas graduellement ménagées (2). D'ailleurs il étoit nécessaire de rapprocher des règles utiles pour la construction des phrases ordinaires. Nous n'avons fait qu'indiquer ces règles, laissant aux Professeurs le soin de les développer plus amplement.

Dans la seconde partie, nous avons pris pour le texte des versions celui de l'*Epitome Historiæ Sacræ*, parce qu'il est simple et à la portée des élèves qui ont traduit la première partie. Nous avons accompagné chaque article de LHOMOND d'un thême correspondant, dans lequel l'écolier doit employer une partie des expressions latines, avec le changement convenable. Nous nous sommes arrêtés à la fin de l'histoire de Joseph, parce que notre intention n'a été que de travailler pour les Septièmes.

Nous comptons dans la classe des Sixièmes ceux qui sont en état de traduire la fin de l'*Epitome*; ainsi il leur faut des thêmes plus difficiles; tels, par exemple, que ceux du Cours des thêmes à l'usage des sixièmes, dont le principal défaut, suivant nous, est de n'être pas accompagné d'un dictionnaire.

_____

(2) Nous voulons parler de la Grammaire latine de LHOMOND, que nous avons perfectionnée par l'addition de la formation des Temps des Verbes, mais que nous n'avons pas arrangée comme nous le désirions, pour ne pas dénaturer le plan de LHOMOND.

A

EXERCICES FRANÇAIS.

Thême 1.

PREMIÈRE RÈGLE. (*Deus sanctus.*) Tout Adjectif s'accorde en Genre, en Nombre et en Cas avec son Substantif.

La rose blanche. La lumière foible. Du roi puissant. De la vertu aimable. Le vin bon. De l'eau fraîche. A la rivière profonde. Au jardin agréable. Les temples fameux. Les maisons superbes. Des fleurs blanches. Aux arbres élevés.

Thême 2.

Les épines aiguës. Des buissons épais. Aux hommes méchans. La voix douce et agréable. Du rossignol léger. A l'histoire merveilleuse et longue. Les philosophes prudens et sages. Des mains fortes et terribles. Aux statues muettes et nombreuses. Les cieux brillans. Des jours heureux. Des esprits célestes. Au tonnerre effrayant.

Thême 3.

SECONDE RÈGLE. (*Pater et mater boni.*) Tout Adjectif qui se rapporte à plusieurs Noms, se met au Nombre pluriel, et du plus noble Genre.

Le fils et la mère pieux. Du père et de la tante irrités. Aux femmes et aux enfans foibles. O pères et mères aveugles ! Le renard

EXERCICES
LATINS.

PREMIÈRE PARTIE.

Version 1.re

VINUM album. Rosæ candidæ. Tectum altum. Domûs vicinæ. Domino omnipotenti. Puero docili. Matres venerandæ. Bona fluxa. Flumina rapida. Patrum bonorum. Virginibus sanctis. Virtuti amandæ. Sepulcrum triste.

Version 2.e

Mugitus horrendi. Vulnera mortalia. Virorum proborum. Dierum nebulosorum. Hostibus perfidis. Rura amœna. Agri virentis. Nemorum densorum. Morti certæ. Vox clara et acuta. Hominis validi et potentis. O arma lethalia ! O puer generose !

Version 3.e

Laboraveram, laboravissem. Rex et regina pii. Docebas, legebam. Vulpes et Simius callidi. Bibam et manducabo. Matres

A 2

et le lièvre timides. Du taureau et de la
génisse blancs. Les esclaves et les chevaux
captifs. Au maître et à la servante contens.

Théme 4.

TROISIÈME RÈGLE. (*Virtus et vitium contraria.*)
Quand les Substantifs sont des choses inanimées et de
différen! genre, l'adjectif qui s'y rapporte se met au
pluriel neutre.

La figue et la pomme mûres. Le vin et
l'eau utiles à l'homme. La table et la chaise
noires. Le pain et la viande excellens. Les
vallons et les plaines fertiles. De la pluie et
de la rosée abondantes. Aux jours et aux
nuits frais. Des antres et des cavernes pro-
fonds. Les fleurs et les plantes venimeuses.

Théme 5.

QUATRIEME RÈGLE. (*Deus est sanctus.*) L'inter-
position d'un Verbe n'empêche pas l'accord du Substantif avec l'adjectif.

Ces roses sont très-belles. Votre robe étoit
plus noire. Ces livres ont été blancs. Ma
maison avoit été plus blanche. Les arbres
seront plus élevés. Les montagnes deviendront désertes. L'argent deviendroit rare.
L'oisiveté est très-nuisible à la jeunesse. Ma
sœur et mon frère étoient très-pieux.

Théme 6.

CINQUIEME RÈGLE. (*Ego audio.*) Tout Verbe a
un sujet qui est au Nominatif, et avec lequel il s'accorde en Nombre et en Personne, ainsi qu'en Genre,
lorsque le Verbe est à un temps composé.

Le rossignol chante et chantera. Tu par-

et pueri jucundi. Amavisset, amaverit. Monuistis, monuisse. Rosarum fulgentium. Virginum et martyrum beatorum. Legendo, legerim. Docuimus, doceremus. Vide et accipe. Ambulemus. Saltate. Ridebis. Accipies.

Version 4.ᵉ

Rideamus hodiè. Cras flebimus. Scientia et otium opposita. O viri probi ! lugete. Dabis et reddes. Dederunt, quia acceperunt. Virorum et mulierum stultorum. Montes et sylvæ frigida. Vinculum et catena dura. Labor et assiduitas necessaria pueris. Esuriebam, et dedistis. Deus et crimen adversa.

Version 5.ᵉ

Nox erat obscura. Tenebræ fuerunt densissimæ. Mei avi mortui sunt pauperes. Vestis mea fiet alba. Discipuli fuissent attenti. Pennæ avium fuerant virides. Mare est placidum. Tecta domûs vicinæ erant altissima. Agni et oves erant placidi. Mea soror fieret dives. Flumina illius regionis sunt maximè rapida.

Version 6.ᵉ

Tu ridebis et saltabis. Musica amatur,

leras et tu liras. Sa mère a été aimée. Ma
sœur a été avertie. Les toits ont été détruits.
Les maisons auroient été ravagées. Buvons
et chantons, ô mes amis ! O mes chers enfans ! soyez attentifs, et écoutez. Tu as
aimé, tu aimeras, et tu seras aimé. La vertu
sera toujours aimée.

Thême 7.

SIXIÈME RÈGLE. (*Liber Petri.*) Quand deux Substantifs sont séparés par la particule *de*, le second se
met au Génitif, à moins qu'il ne signifie une même
chose avec le premier.

Le champ de mon père est fertile. La ville
de Lyon est belle. Les statues des faux dieux
ont été renversées. Le mois de juin a été
fort chaud. Les arbres du pays voisin ont
été arrachés. Le fleuve du Rhône coule ra-
pidement. Les livres précieux du château
de mon père ont été brûlés. La rivière de
Marne seroit plus large. Les chaleurs du
mois d'août seront très - grandes. Les eaux
du Rhône ont été contenues.

Thême 8.

SEPTIÈME RÈGLE. (*Deus qui regnat.*) Le Rélatif *qui*
s'accorde toujours en Nombre, en Genre et en Personne avec son antécédent, et il est toujours le
sujet du Verbe qui le suit.

Moi qui écoute. Toi qui lis. Elle qui prie.
Les ornemens qui sont chers. Le poison qui
a été donné étoit lent. Les feuilles qui sont
tombées. Nous qui sommes malades. Vous
qui étiez partie. Elles qui furent averties.
La danse qui fut fatale à la vertu de ma
sœur.

amabitur, amata fuisset. Templum ædificatum est. Opifices fabricant, fabricaverant, Vos monebimini. Meæ sorores monitæ fuerunt. Modestia et pudor erant cara matri meæ. Astra videbuntur. Mea amica mortua est. Dona accepta sunt, accepta erunt. Lupi vastaverunt. Oves manducatæ sunt. Ignis vorabit. Messes voratæ sunt.

Version 7.ᵉ

Aquæ fluminis turbatæ sunt. Arbores altissimæ nemoris vicini cecidissent. Honores debentur viris probis. Filius mei avunculi mortuus est. Gloria dabitur civitati Lugduno. Mensis December appropinquat. Cacumina montium proximorum albescunt. Mulieres factæ sunt tristes. Fructus hujus anni erunt eximii. Radii solis sunt splendidiores. Ministri regis Ludovici aderant.

Version 8.ᵉ

Arbor quæ cecidit comburetur. Ego qui lugeo. Tu qui precaris, exaudieris. Ille qui clamat, audietur. Vestimenta quæ induta sunt. Flores qui bene olent. Flumina quæ fluebant, interrumpuntur. Cubile meæ matris quod erat ferreum. Historia Romanorum quæ ignoratur. Virgines quæ loquuntur, locutæ fuerant.

Thême 9.

HUITIÈME RÈGLE. (*Amo Deum.*-) Tout Substantif qui est le régime direct d'un Verbe actif, se met à l'accusatif.

Aimons Dieu notre créateur. Le maître avertira les écoliers. Les jeunes gens liront de bons livres. Nous avons vu une statue qui parloit. Mon ami, écoutez la voix de la sagesse. Tu as mangé des fruits verts. Ils ont bu du vin et de l'eau. Les bergers avoient conduit les troupeaux. Ma sœur auroit chanté des chansons. Mes frères auront reçu de l'argent. Les arbres produisoient des fleurs et des feuilles.

Thême 10.

NEUVIÈME RÈGLE. (*Deus quem amo.*) Le *que* relatif est toujours le régime direct du Verbe qui suit, et il s'accorde en Genre et en Nombre avec son antécédent.

L'arbre que vous avez vu est tombé. Les fleurs que ma sœur a cueillies ont une odeur agréable. Écoutez les avis de la tante que vous aimez. O mes chers enfans! fuyez la société des méchans, comme vous fuiriez la peste. Craignez la lecture des livres que vous ne connoissez pas. La plus belle fleur, cache souvent l'animal le plus dangereux. Recevons patiemment les maux que le Ciel envoie sur la terre, parce qu'ils éprouveront notre vertu.

Thême 11.

DIXIÈME RÈGLE. (*Studeo grammaticæ.*) Plusieurs Verbes neutres ayant en français une signification active, veulent le Datif après eux, et non l'Accusatif.

Mes cousines étudient la musique. Le

Version 9.^e

Præceptor diligit discipulos qui amant labeorem. Mea mater docuit sorores et fratres meos. Vidistis stellas quæ lucebant heri. Meus avunculus emerat libros qui dati sunt Josepho. Considera tuum finem, et non peccabis. Timete mortem, sed magis timete peccatum. Colloquia prava corrumpunt bonos mores. Fugiamus vitia, sicut fugimus morbos. Deus inspicit actiones nostras occultissimas.

Version 10.^e

Virtutes quas colimus, accipient mercedeim æternam. Mulier quam cognovisti, mortua est. Animalia quæ Deus creavit, sunt varii generis. Audite historiam quam noster avus narravit nobis. Frater et soror quos videramus, profecti sunt. Vinum et aqua quæ agricolæ bibunt, sunt noxia. Parentes nostri acceperunt epistolas quas frater meus misit.

Version 11.^e

Pauperes quibus opitulabar, erant maxime

prince favorisera l'entreprise que vous avez
formée. Ma mère auroit secouru les malheureux, mais la bourse de mon père étoit vide.
Les histoires que ma sœur étudioit, sont de-
venues la proie des rats. Les jeunes gens que
le maître favorisoit, n'ont pas réussi. La
femme que notre voisin secouroit, a changé
de demeure. Les écoliers n'ont pas étudié
les vers que le maître a donnés. Nous avons
rencontré vos amis.

Thème 12.

ONZIÈME RÈGLE. Tous les Verbes déponens qui ont
une signification active, régissent l'Accusatif; d'autres
qui ont la signification neutre, régissent le Datif et
l'Ablatif. (*Imitor patrem. Tibi gratulor. Fruor otio.*)

Ma sœur a imité les exemples de ma
mère. Nous promettons des récompenses aux
enfans sages. Mes chers écoliers, je vous
félicite ; bientôt vous reverrez vos parens,
qui désirent aussi vous voir. Après la mort,
nous jouirons du bonheur éternel. Nous nous
servons de l'histoire romaine. Les généraux
exhortent les soldats qu'ils connoissent lâ-
chés. Tu conserveras long-temps les richesses dont tu jouis. Acquitte-toi de ton devoir.

Thème 13.

DOUZIÈME RÈGLE. (*Abundat divitiis.*) Tout Verbe
qui marque l'abondance ou la privation, veut son
régime à l'ablatif.

Les temps sont très-malheureux ; car les
pauvres manquent de pain, tandis que les
riches regorgent de biens. Nous avons besoin de patience et de courage, si nous
voulons mériter le Ciel que Dieu a promis
aux vainqueurs. Les prisons sont remplies

numerosi. Boni principes favent industriæ omnium civium. Mulieres quas amavisti, succurrunt miseris quos egestas premit. Magister hortabatur discipulos, qui non studebant lectionibus quas dederat. Pigritia valdè nocet adolescentiæ. Tempus præteritum nunquam redit ; igitur illud est irreparabile. Mater mea pollicita est mihi libros. Serviamus Deo cum timore et amore.

Version 12.ᵉ

Hostes potiuntur civitatem. Fateamur nostra delicta, et obtinebimus veniam. Mercedes quas Dominus pollicitus est nobis, non peribunt. Fugiamus exempla prava, et utamur bonis. Milites gratulati sunt Cæsari, quia obtinuerat victoriam. Multa pericula imminent nobis, si nos fungamur nostris officiis. Non possumus gloriari nostris virtutibus, quia non fuissemus probi sine auxilio divino.

Version 13.ᵉ

Paludes replentur luto. Nostra crumena caret pecuniâ. Mulieres indigebant victu et vestitu. Dives operitur vestibus sumptuosis. Palatia regum affluunt adulatoribus, quos ducit ambitio. Quæramus virtutem quæ satiat corda nostra felicitate purâ, et fugiamus

A 6

de voleurs. Les rois ignorent la vérité qu'ils cherchent , parce qu'ils manquent d'amis sincères.

Thême 14.

TREIZIÈME RÈGLE. Le Pronom *son , sa , ses* , s'exprime de deux manières en latin. S'il a rapport au sujet du Verbe précédent , il se rend par *suus , sua , suum* ; autrement il s'exprime par le Génitif des Pronoms *is* ou *ille*.

Ma sœur a perdu son couteau que sa mère lui avoit donné. Le méchant recevra le châtiment de sa faute. Vous connoissez Pierre : son père est mort. Ma cousine a beaucoup pleuré la mort de sa mère ; ses larmes ont creusé ses joues. L'écolier paresseux n'a pas étudié sa leçon , et il ne l'a pas sue. Le maître chérira l'enfant docile , et donnera des éloges à son travail.

Thême 15.

QUATORZIÈME RÈGLE. Les Pluriels *leur , leurs* , suivent la même règle ; c'est-à-dire , qu'ils s'expriment par *suus , sua , suum* , s'ils se rapportent au sujet du Verbe, et par le Génitif pluriel des Pronoms *is* et *ille*, s'ils ne s'y rapportent pas.

Vous connoissez les enfans de notre voisin : leur misère est extrême ; ils ont perdu tous leurs amis , et leur maison a été vendue. Les parens gagnent l'affection de leurs enfans , en corrigeant leurs défauts. Les maîtres méritent la confiance de leurs élèves , en blâmant leurs fautes. Les magistrats qui négligent leurs devoirs sont méprisés.

vitium quod replet mentem anxietatibus.
Ebrii habebant os plenum vino. Rura nostra abundant frumento et oleâ.

Version 14.ᵉ

Homo comparabit cœlum, fungendo suis
officiis erga Deum, erga proximum, et erga
seipsum. Præceptor diligit suos discipulos,
cùm laborant et student. Mater mea occurrit
Petro, et ejus cani. Ille qui vult reddere
suos liberos probos, debet illos confidere
præceptori christiano. Abrahamus ejecit è
domo suâ Agarem cum ejus filio. Frater meus
fuit victima libidinis suæ.

Version 15.ᵉ

Pauperes clamaverant, et Deus exaudivit
orationem eorum. Pater amat liberos suos,
et odit illorum vitia. Perlegimus historiam
Romanorum, et mirati sumus illorum virtutes. Soror mea multùm dilexisset socias
suas, si attulissent libros suos : illarum mater non obtemperavit precibus illarum.

Thême 16.

QUINZIÈME RÈGLE. (*Amor à Deo. Mœrore conficior.*) Tout Verbe passif veut sa dépendance à l'Ablatif
avec la Préposition *à* ou *ab*, si c'est un nom de chose
animée, et sans Préposition, si la chose est inanimée.

Ma tante a été constamment aimée de ses
neveux. Ma sœur a été accablée par la fièvre.
Vos amis ont été avertis par leur mère. Ces
vers ont été faits par un poète malheureux
que vous connoissez beaucoup, et qui man-
que de chaussure. Ces maisons ont été bâ-
ties par nos ancêtres, et ces prairies étoient
autrefois arrosées par le fleuve du Rhône.
Les bonnes actions sont ordinairement blâ-
mées par les méchans. Sans la bravoure de
nos soldats, la ville auroit été prise par
l'ennemi.

Thême 17.

SEIZIEME REGLE. (Question *Quandô.*) Tout Nom
de temps se met à l'Ablatif, et le Nom de nombre car-
dinal se change en nombre ordinal.

Ma sœur partira mardi prochain; parce
que vous serez revenu samedi. Nous verrons
à trois heures le président du tribunal qui
doit juger (*est devant juger*) les auteurs de
la dernière sédition. Nos amis sont arrivés à
onze heures, et ils doivent partir (*sont devant partir*) à cinq heures du soir. Le Seigneur a créé l'homme le sixième jour. Les
vendanges seront tristes cette année; car les
vignes sont dépourvues de raisins.

Version 16.ᵉ

Libri nostri combusti sunt igne. Tecta domûs nostræ obruta erant nivibus. Gentes boreales uruntur frigore. Ferrum consumitur rubigine. Istæ domus ementur ab avo nostro. Multa dæmonia ejecta fuerunt à Christo, et multi ægroti sanati fuerunt ejus virtute. Calceamenta vestra corrosa fuissent à muribus. Historia regionis nostræ avidè lecta fuit à discipulis nostris.

Version 17.ᵉ

Hebdomade proximâ, avunculus meus profecturus est. Cœnabimus horâ sextâ vespertinâ. Fructus maturescent mense Julio. Die dominicâ proximâ, missa celebranda est à parocho novo, qui advenit heri horâ primâ post meridiem. Non proficiscemur die Paschæ, propter solemnitatem festi. Christus natus est anno trigentesimo tertio post mortem Alexandri magni.

Thême 18.

DIX-SEPTIÈME RÈGLE. (*Tempus legendi.*) La Particule *de* entre un Substantif et le Présent de l'Infinitif veut ce dernier au Gérondif en *di*.

Le démon cherche toujours l'occasion de nuire aux hommes. Le temps de partir est arrivé ; partons donc. Le Ciel est un royaume ; le soin de le gagner doit occuper notre esprit. Le désir de régner est naturel aux princes. Le plaisir d'avoir des récompenses le mois prochain , a ranimé le courage abattu des écoliers.

Thême 19.

DIX-HUITIÈME RÈGLE. (*Amat ludere. Eo lusum.*) Quand deux Verbes sont de suite, le second se met au présent de l'Infinitif, observant que si le premier Verbe marque une espèce de mouvement , le second se met au supin en *um*.

Demain nous irons voir la maison qu'a achetée mon oncle l'année dernière. Je crois avoir lu l'histoire que vous nous avez racontée. Ma sœur aime beaucoup à danser et à chanter. Jeudi prochain , tous mes élèves viendront recevoir les récompenses qu'ils auront méritées. Je croyois entendre ma tante , mais vous la dites absente depuis trois jours. Quand ma sœur a su le jour de votre fête , elle a voulu vous apporter des fleurs.

Thême 20.

DIX-NEUVIÈME RÈGLE. (*Vidi eum egredientem.*) Le Présent de l'Infinitif après les verbes *Voir* et *Entendre*, se change en Participe présent.

Nous avons vu partir les soldats de la

Version 18.e

Tempus est laborandi et studendi : itaque eamus ad libros nostros. -Hostes ceperunt consilium oppugnandi nostram patriam : capiamus arma. Non habebamus voluntatem tibi nocendi ; ideò credimus impetrare faciliùs nostram veniam. Mater mea flagrat desiderio videndi Regem. Avarus vexatur studio cumulandarum divitiarum : cumularet maximas divitias, erogando eleemosynam pauperibus.

Version 19.e

Deus amat remunerare justos. Magister timet punire discipulos pigros. Ibimus invisum ruinas quæ jacent in campo vicino. Parentes nostri voluerunt nobis relinquere exempla imitanda. Homines pii solent appellari hypocritæ ab impiis. Multi milites venerunt pranditum apud rectorem civitatis. Agricolæ ibant quotidiè laboratum in agros suos. Rex statuit decernere mercedes victoribus.

Version 20.e

Rebecca adveniens ex Mesopotamiâ vidit

huitième légion. Nous avons entendu chanter votre cousine qui a une fort belle voix. Je les aurois vus sortir ce matin, mais j'étois absent. Evitons le malheur de pécher, et entendons gémir les impies qui habitent maintenant les enfers. Mon père a vu le roi se promener auprès de son palais.

Thême 21.

VINGTIÈME RÈGLE. Tout Nom de manière, d'instrument, de blâme ou de louange, se met à l'Ablatif.

Le maître a frappé son chien avec un bâton. Ma mère aime ses enfans d'une manière extraordinaire. J'ai eu deux sœurs qui sont mortes de misère l'année dernière. Ces jeunes gens excellent en sagesse. Ma cousine surpasse ses compagnes en bonté et en piété. Nous avons crié d'une voix forte et distincte. Le roi prit ma tante par la main, et lui parla d'un ton très-affectueux.

Thême 22.

VINGT-UNIÈME RÈGLE. Tout Nom de lieu se met à l'Accusatif à la question *quò*, et à l'Ablatif à la question *ubi*, observant de mettre la Préposition *in* devant le Nom de lieu, lorsque celui-ci n'est pas *propre* : observant 2.º que *rus* et *domus* ne veulent point de Préposition devant eux. A la question *undè*, au lieu de *in* avec l'Ablatif, on met *è* ou *ex*.

Mes sœurs sont allées dans la grande ville, où elles ont trouvé plusieurs occasions de dépenser leur argent. Mon oncle est arrivé de Dijon, et il doit partir mercredi prochain

deambulantem in agris Isaacum , cujus futura esset uxor. Non possumus audire loquentem amitam nostram , quia amisit penitùs vocem. Tempore veris, aures nostræ delectantur audiendo canentem luciniam. Vidimus exercitum proficiscentem ad pugnam: accendebatur desiderio victoriæ. Audivisses parochum nostrum fulminantem adversùs philosophos hujus temporis.

Version 21.ᵉ

Josephus erat pulchrâ facie , ideò commovit cupiditatem uxoris Putipharis. Sorores nostræ conficiuntur mœrore , propter mortem matris suæ, quæ mortua est heri modo stupendo. Pater meus feriit hunc juvenem audacem gladio , quem tenebat manu. Ingrediendo vidimus magistrum tenentem auribus discipulum indocilem. Multi Sancti qui habitant cœlos erant indole simili indoli vestræ, sed eam superaverunt gratiâ quam acceperant à Deo.

Version 22.ᵉ

Rex profectus est Siciliam , undè iturus est in Cyprum. Sorores tuæ deambulant in horto nostro ; post missam ibunt ad tribunal, ubi rebelles condemnandi sunt. Præceptor

pour Marseille, ville très-agréable de la Provence. Les vaisseaux de notre flotte sont restés oisifs dans le port pendant tout l'hiver ; ils partiront pour l'Inde au mois d'avril, et reviendront en France au mois de décembre suivant.

Théme 23.

VINGT-DEUXIÈME RÈGLE. Quand un Participe ne se rapporte ni au sujet ni au régime du Verbe principal de la phrase, il se met à l'Ablatif, ainsi que son correspondant ; c'est la règle de l'Ablatif absolu.

Ma mère étant morte, ses biens ont été partagés. Le discours étant fini, tous les assistans sont sortis de l'église. Ma sœur ayant été avertie par mon oncle, a évité les embûches dressées contre elle. Le vin manquant, Jésus-Christ dit aux serviteurs : Remplissez d'eau les vases que l'époux a préparés. César ayant perdu son armée (*son armée ayant été perdue*), ne put dompter les nations barbares qui s'opposoient à ses victoires. Ma tante ayant vu le président (*le président ayant été vu*), est retournée à la campagne, d'où elle viendra lundi prochain.

Théme 24.

VINGT-TROISIÈME RÈGLE. (*Me pœnitet culpæ meæ.*) Le sujet français des verbes *Pœnitet*, *Pudet*, *etc.*, se met à l'Accusatif, en raison du sens que présentent ces verbes ; car *pœnitet* est pour *pœnitentia tenet*, comme *pudet* est pour *pudor tenet*.

Ma sœur s'étoit repentie de sa négligence (*le repentir de sa négligence avoit tenu ma sœur*). Dieu se repentit d'avoir fait l'homme, parce qu'il étoit devenu plus

meus manet nunc Londini, ex quo redibit
in mense Augusto. Miltiades natus erat
Athenis. Profecturus sum cum fratre tuo
Romam, in urbem antiquissimam Italiæ,
in quà hodiè commoratur avunculus noster.

Version 23.ᵉ

Herode defuncto , Christus rediit ex
Ægypto in patriam suam. Rex, copiis col-
lectis , agressus est hostes, qui deseruerunt
urbem. Frater meus , cognoscens mores ger-
manos , scripsit historiam Germanorum.
Cæsar, his dictis, egressus est, et exercitu
comparato, profectus est in Galliam. Ne-
rone interfecto , persecutio contra Christia-
nos desiit. Hostibus cæsis in multis præliis ,
victores ingressi sunt civitatem.

Version 24.ᵉ

Deum pœnituit collocavisse hominem in
paradiso terrestri. Discipulos meos incipit
pudere pigritiæ suæ. Illum semper tæduit
studii , quamvis studium multas habeat ille-

méchant. Les écoliers n'ont point de honte de leur paresse (*la honte de leur paresse ne tient pas les écoliers*). Je m'ennuie de lire les histoires que vous m'avez prêtées. Nous nous ennuyons des travaux journaliers auxquels nous sommes exposés (*l'ennui des travaux nous tient*).

Thême 25.

VINGT-QUATRIÈME RÈGLE. *Que* retranché. Le *que* placé entre deux Verbes ne s'exprime pas en latin ; alors le sujet du second Verbe se met à l'Accusatif, et le Verbe suivant à l'Infinitif.

Je crois que vous lisez (*je crois vous lire*). Ma sœur a cru que vous aviez fini son livre (*a cru vous avoir fini*). Pierre a voulu que mon frère chantât (*a voulu mon frère chanter*). J'espère que vous aimerez votre nouveau maître (*j'espère vous devoir aimer*). Le roi a ordonné que les rebelles fussent punis (*a ordonné les rebelles être punis*).

Thême 26.

VINGT-CINQUIÈME RÈGLE. Pour savoir à quel temps de l'Infinitif il faut mettre le second Verbe, remarquez, si l'époque indiquée par le second Verbe est antérieure à celle indiquée par le premier Verbe ; alors vous mettrez le second Verbe au parfait de l'Infinitif. Si l'époque du second Verbe est simultanée avec celle du premier Verbe, mettez le second Verbe au présent de l'Infinitif. Si l'époque du second Verbe est postérieure à celle du premier, mettez le second Verbe au futur de l'Infinitif, observant que si le Verbe latin n'a point de futur, on exprimera le *que* par *fore ut*, avec le Subjonctif.

Je pense que vous dormiez quand votre mère est arrivée. Je croyois que mon frère dormoit. Je pense que ma sœur aimera les raisins que j'ai apportés. Pierre croit que

cebras. Regem miseruit militum captivorum,
et dedit eis vinum bibendum. Sorores meæ
nolunt pœnitere levitatis suæ.

Version 25.ᵉ

Mea soror putat vitem suam carere uvis.
Rex jussit ministrum pistorum ligari ad palum. Viri probi non credunt facilè malum,
credunt contrà omnes homines esse probos.
Dic hominem illum canere, et statim ille
canet. Angeli prædixerunt Magdalenæ Chris-
tum surrexisse ; quod, referente Magdalenâ,
discipuli nolebant credere.

Version 26.ᵉ

Rex jussit munera afferri parocho nostro,
quia nutrivisset pauperes per totam hiemem.
Cùm tempus esset nebulosum, mater nostra noluit sorores meas ire in villam nostram.

son oncle arrivera lundi , mais je pense qu'il ignore les retards à cette arrivée. Mon père a cru que j'avois eu des récompenses. Admirons l'amour de Dieu envers les hommes : il a voulu que son Fils fût livré à la mort, pour racheter ses créatures. Je voudrois que les écoliers paresseux se repentissent enfin de leur négligence. Le Seigneur avoit promis à Abraham que le Sauveur du monde naîtroit de sa race.

Thême 27.

VINGT-SIXIÈME RÈGLE. Lorsqu'après un Comparatif français , il se trouve la conjonction *que* , cette conjonction ne s'exprime pas en latin , et le Nom qui la suit se met à l'Ablatif. Si le Comparatif français se rend par deux mots latins , le *que* s'exprime par *quàm* , et l'on met après le même cas que devant.

Je n'ai connu personne de plus savant que notre évêque. Ma sœur est beaucoup plus pieuse que ma cousine. Je crois que Pierre est plus paresseux que Paul. Vous avez une maison plus haute que la nôtre ; cependant la loi porte que vous ne pouvez pas nous priver du jour nécessaire à nos ouvriers. Le fleuve du Rhône est plus rapide que la Saône, quoique son lit soit plus large ; cependant ordinairement les rivières qui ont des rivages plus rapprochés , ont aussi un cours plus rapide.

Credo

Credò avunculum nostrum profecturum esse die lunæ proximâ. Rex credidisset fore ut ministrum suum pœniteret infidelitatis suæ.

Version 27.ᵉ

Libri nostri pulchriores sunt tuis ; et soror mea tunicam habet majoris pretii quàm soror tua. Vulpes callidior est ove , et equus velocior asino. Domus mea magis appropinquat ecclesiam quàm tua. Vidimus ulmos multò altiores turri quæ imminet ecclesiæ nostræ. Vinum melius est aquâ.

NOTA. *Avant de passer à la seconde Partie , il est à propos de faire refaire au moins les thêmes précédens aux élèves, afin de s'assurer s'ils ont bien compris les corrections.*

B

EXERCICES LATINS.

Version 1.re

Deus creavit cœlum et terram intrà sex dies.

Primo die fecit lucem. Secundo die fecit firmamentum, quod vocavit cœlum.

Tertio die coegit aquas in unum locum, et eduxit è terrâ plantas et arbores.

Quarto die fecit solem et lunam, et stellas; quinto die, aves quæ volitant in aëre, et pisces qui natant in aquis.

Sexto die fecit omnia animantia, postremò hominem; et quievit die septimo.

Version 2.^e

Deus finxit corpus hominis è limo terræ: dedit illi animam viventem : fecit illud ad similitudinem suam, et nominavit illum Adamum.

Deindè immisit soporem in Adamum, et detraxit unam è costis ejus dormientis.

Ex eâ formavit mulierem quam dedit sociam Adamo, sicque instituit matrimonium.

EXERCICES FRANÇAIS.

Théme 1.

Le ciel et la terre ont été créés par Dieu.
Cette création fut l'ouvrage de six jours.
La lumière fut faite le premier jour. Le
second jour, fut formé le ciel ; ensuite les
eaux furent réunies dans un même lit. Le
quatrième jour, Dieu créa le soleil et la
lune, avec les étoiles. Le cinquième jour vit
la création des poissons et des oiseaux. Tous
les autres animaux, avec l'homme, furent
l'ouvrage du sixième jour. Dieu voulut cesser toute création, le septième jour.

Théme 2.

L'homme fut formé de la terre. Dieu lui
accorda une ame qui est la source de la vie.
Or, cette ame a été faite à la ressemblance
du Créateur.

Le premier homme fut nommé Adam ; et
la première femme fut formée du corps même
d'Adam. Dieu la présenta au premier homme,
qui lui donna le nom d'Eve. Il voulut mar-

B 2

Nomen primæ mulieris fuit Eva.

Version 3.ᵉ

Deus posuit Adamum et Evam in horto amœnissimo, qui solet appellari Paradisus terrestris.

Ingens fluvius irrigabat hortum : erant ibi omnes arbores jucundæ aspectu, et fructus gustu suaves. Inter eas arbor scientiæ boni et mali.

Deus dixit homini : *Utere fructibus omnium arborum paradisi, præter fructum arboris scientiæ boni et mali : nam si comedas illum fructum, morieris.*

Version 4.ᵉ

Serpens, qui erat callidissimum omnium animantium, dixit mulieri : *Cur non comedis fructum istius arboris ?*

Mulier respondit : *Deus id prohibuit. Si tetigerimus illum, moriemur.*

Minimè, inquit serpens : *non moriemini ; sed eritis similes Deo, scientes bonum et malum.*

Mulier decepta his verbis, decerpsit fructum, et comedit : deindè obtulit viro, qui pariter comedit.

Version 5.ᵉ

Adamus fugiens conspectum Dei, se abs-

quer l'union qui doit exister entre l'homme et la femme, lorsqu'il prit dans le corps d'Adam la côte qui forma Eve.

Thême 3.

Adam et Eve furent placés dans un jardin agréable, que l'Ecriture sainte appelle le Paradis terrestre. Ce séjour renfermoit les plus beaux arbres et les fruits les plus excellens ; il étoit arrosé par un grand fleuve, qui sortoit de ce lieu en quatre branches. Le Seigneur appela Adam, et lui dit : Vous pouvez manger de tous les fruits de ce jardin, mais vous ne toucherez pas l'arbre de la science du bien et du mal. Si vous n'obéissez pas à cet ordre, vous serez condamné à la mort, et tous les maux tomberont sur vous.

Thême 4.

Le serpent, animal très-rusé, résolut de séduire la femme qui n'auroit pas voulu violer les commandemens divins. Il dit donc à Eve : Vous devriez manger des fruits de l'arbre que vous voyez ; car lorsque vous aurez goûté ce fruit, vous et votre mari deviendrez semblables à Dieu, et vous connoîtrez parfaitement le bien et le mal ; quittez toute crainte ; la mort n'interrompra point votre vie. La femme crut aux paroles du serpent, et elle oublia les menaces du Seigneur, en mangeant du fruit défendu, qu'elle présenta à Adam.

Thême 5.

Dieu appela Adam qui se cachoit et fuyoit

condit. Deus vocavit illum : *Adame, Adame.*

Qui respondit : *Timui conspectum tuum, et abscondi me.*

Cur times, inquit Deus, *nisi quia comedisti fructum vetitum ?*

Adamus respondit : *Mulier quam dedisti mihi sociam, porrexit mihi fructum istum, ut ederem.*

Dominus dixit mulieri : *Cur fecisti hoc ?* Quæ respondit : *Serpens me decepit.*

Version 6.ᵉ

Dominus dixit serpenti : *Quia decepisti mulierem, eris odiosus et execratus inter omnia animantia : reptabis super pectus, et comedes terram.*

Inimicitiæ erunt inter te et mulierem : ipsa olim conteret caput tuum.

Dixit etiam mulieri : *Afficiam te multis malis ; paries liberos in dolore, et eris in potestate viri.*

Version 7.ᵉ

Deindè Deus dixit Adamo : *Quia gessisti morem uxori tuæ, habebis terram infestam : ea fundet tibi spinas et carduos.*

Quæres ex ea victum cum multo labore, donec abeas in terram è quâ ortus es.

Tum ejecit Adamum et Evam ex horto, ut ille coleret terram ; et collocavit Ange-

ses regards, et il lui dit : Tu ne craindrois pas, si tu n'avois pas violé mes ordres. Adam accusa sa femme, et Eve accusa le serpent. Déjà ils connoissoient l'un et l'autre leur faute ; déjà ils éprouvoient les remords qui accompagnent ordinairement le crime. L'ordre qu'ils avoient reçu étoit très-facile à garder, par-là ils étoient plus coupables.

Théme 6.

Dieu maudit le serpent qui avoit trompé la femme, et il établit entre eux une inimitié éternelle. Il accabla de maux la femme coupable, en lui disant : Vous enfanterez avec douleur, et vous serez soumise à votre mari. Tous les hommes ont été compris dans le châtiment que Dieu a infligé à nos premiers parens, et nous portons la peine de leur péché. Nous aurions sans doute été beaucoup plus malheureux, si Dieu n'avoit promis un libérateur au genre humain, en disant au serpent : Une femme viendra qui écrasera ta tête.

Théme 7.

Le Seigneur punit également Adam, parce qu'il avoit écouté sa femme qui l'avoit exhorté à violer les ordres de Dieu. Il dit donc au premier homme : Vous cultiverez la terre avec peine, et, au lieu de fruits, elle produira des épines. La mort sera la peine de votre péché, et vous retournerez dans la

lum, qui præferebat manu gladium igneum, ut custodiret aditum paradisi.

Version 8.^e

Adamus habuit multos liberos, inter quos Caïnus et Abel numerantur : hic fuit pastor, ille agricola.

Uterque obtulit dona Domino, Caïnus quidem fructus terræ, Abel autem oves egregias.

Dona Abelis placuerunt Deo, non autem dona Caïni ; quod Caïnus ægrè tulit.

Dominus dixit Caïno : *Cur invides fratri? si recte facies, recipies mercedem ; sin autem malè, lues pœnam peccati.*

Version 9.^e

Caïnus non paruit Deo monenti : dissimulans iram, dixit fratri suo : *Age, eamus deambulatum.*

Itaque unà ambo abierunt foràs, et quùm essent in agro, Caïnus irruit in Abelem, et interfecit illum.

Deus dixit Caïno : *Ubi est tuus frater?* Caïnus respondit : *Nescio ; num ego sum custos fratris mei ?*

terre qui a formé votre corps. Aussitôt Adam et Eve furent chassés du Paradis terrestre, et un ange fut placé devant la porte avec une épée de feu.

Thême 8.

Plusieurs enfans naquirent à Adam, et l'Ecriture sainte compte parmi eux Caïn et Abel, dont le premier étoit cultivateur et le second berger. Ces deux enfans d'Adam avoient coutume de faire chaque jour des présens au Créateur. Mais les présens d'Abel étoient plus agréables à Dieu que les présens de Caïn. Caïn conçut, à cause de cela, une grande haine contre son frère. Cependant le Créateur avoit averti Caïn, en lui disant : Pourquoi avez-vous conçu de la haine contre votre frère ? faites le bien, et vous aurez une récompense éternelle ; mais si vous commettez le péché, vous serez puni pendant toute l'éternité.

Thême 9.

Caïn ne voulut pas obéir à Dieu ; il continua de porter envie à son frère. Un certain jour il dit à Abel : Si tu veux, nous irons voir la forêt voisine. Abel, ne craignant pas la société de son frère, consentit à cette promenade ; mais lorsqu'ils furent à certaine distance de la demeure paternelle, Caïn tua Abel. Ce crime fut aussitôt connu de Dieu, qui appela Caïn, et lui dit : En quel endroit est ton frère ? Caïn répondit : J'ignore le lieu où il est ; vous ne m'avez pas établi le gardien de mon frère.

Version 10.e

Deus dixit Caïno : *Caïne , quid fecisti ? sanguis fratris tui , quem ipse fudisti manu tuâ , clamat ad me.*

Infesta tibi erit terra , quœ bibit sangui-nem Abelis ; quùm colueris eam longo et duro labore , nullos feret fructus : eris vagus in orbe terrarum.

Caïnus , desperans veniam , fugit.

Version 11.e

Posquam numerus hominum crevit , om-nia vitia invaluere. Quare offensus Deus statuit perdere hominum genus diluvio.

Attamen pepercit Noëmo et liberis ejus , quia colebant virtutem.

Noëmus admonitus à Deo exstruxit ingen-tem arcam in modum navis : linivit eam bitumine , et in eam induxit par unum om-nium avium et animantium.

Version 12.e

Postquam Noëmus ipse ingressus est ar-cam cum conjuge , tribus filiis et totidem nuribus , aquæ maris et omnium fontium eruperunt.

Simul pluvia ingens cecidit per quadra-ginta dies et totidem noctes.

Théme 10.

Dieu vengea sévèrement le crime de Caïn, et la terre qui avoit bu le sang d'Abel ne produisit aucun fruit. Pour punir le meurtrier, Dieu mit un cachet sur son front, afin que tous les hommes pussent le reconnoître. Il fut errant dans toute la terre, n'ayant aucune demeure fixe, et les enfans qu'il eut, furent méchans.

Théme 11.

La corruption devint générale, et presque tous les hommes oublièrent leur Créateur; c'est pourquoi Dieu se repentit d'avoir fait l'homme, et il voulut le punir par un déluge universel. Noë avec ses enfans avoit constamment pratiqué la vertu, et Dieu résolut de les sauver. C'est pourquoi il dit à Noë: Vous bâtirez un très-grand bateau, que vous ferez en forme de coffre; vous entrerez dans cette arche avec tous vos enfans, et vous y demeurerez pendant tout le temps que je vous prescrirai. Vous introduirez aussi dans cette arche toutes sortes d'oiseaux et d'animaux, et vous serez attentif à tous les ordres que je vous donnerai.

Théme 12.

Le déluge arriva seize cent cinquante ans après la création du monde, et les eaux du ciel tombèrent pendant l'espace de quarante jours et de quarante nuits. Cependant Noë, renfermé dans l'arche, vit toute la terre

Aqua operuit universam terram , ità ut su-
peraret quindecim cubitis altissimos montes.

Omnia absumpta sunt diluvio : arca autem
sublevata aquis fluitabat in alto.

Version 13.ᵉ

Deus immisit ventum vehementem , et
sensim aquæ imminutæ sunt.

Tandem mense undecimo postquàm diluvium cœperat , Noëmus aperuit fenestram
arcæ , et emisit corvum, qui non est reversus.

Deindè emisit columbam. Quùm ea non
invenisset locum ubi poneret pedem , reversa
est ad Noëmum , qui extendit manum , et
intulit eam in arcam.

Columba rursùm emissa, attulit in ore suo
ramum olivæ virentis, quo finis diluvii si-
gnificabatur.

Version 14.°

Noëmus egressus est ex arcâ , postquàm
ibi inclusus fuerat per annum totum ipse et
familia ejus : eduxit secum aves cæteraque
animantia.

Tum erexit altare , et obtulit sacrificium
Domino. Deus dixit illi : *Non delebo deinceps genus hominum : ponam arcum meum
in nubibus , et erit signum fœderis quod facio
vobiscum.*

*Quùm obduxero nubes cœlo , arcus meus
apparebit, et recordabor fœderis mei , nec
unquam diluvium erit ad perdendum orbem
terrarum.*

couverte par les eaux. La mort moissonnoit tout le genre humain ; tous les hommes et tous les animaux périrent, parce que les eaux de la terre, mêlées avec les eaux du ciel, surpassoient beaucoup les montagnes les plus élevées. L'arche seule survécut au naufrage général.

Théme 13.

Les eaux du déluge se retirèrent par la force d'un vent impétueux que le Seigneur envoya. Déjà Noé étoit demeuré dans l'arche pendant onze mois, lorsque Dieu lui dit d'ouvrir la fenêtre de l'arche. Le corbeau partit, et Noë ne le revit plus. La colombe suivit le corbeau ; mais elle revint, ne sachant pas où s'arrêter. Peu de jours après, cet oiseau fut lâché une seconde fois, et quand il revint, il présenta à Noë un rameau vert qui annonçoit l'abaissement des eaux.

Théme 14.

Noë fut renfermé dans l'arche une année entière ; lorsqu'il en fut sorti, il songea à remercier Dieu, en lui offrant des sacrifices. Le Seigneur dit à Noë : Désormais la terre ne sera plus couverte par les eaux, et l'arc que j'établirai dans le ciel sera un témoignage de ma parole. Ne craignez pas un nouveau déluge ; j'aurai dans ma colère d'autres moyens de châtier les hommes, s'ils deviennent aussi méchans qu'avant le déluge. Ma vengeance sera terrible.

Version 15.ᵉ

Omnes gentes propagatæ sunt à filiis Noë-
mi. Semus incoluit Asiam, Chamus Africam,
Japhet Europam.

Pœna diluvii non deterruit homines à vitiis,
sed brevi facti sunt pejores quàm priùs.

Obliti sunt Dei creatoris : adorabant solem et lunam, non verebantur parentes ;
dicebant mendacium ; faciebant fraudem,
furtum, homicidium : uno verbo, se conta-
minabant omnibus flagitiis.

Version 16.ᵉ

Quidam tamen sancti viri coluerunt veram
religionem et virtutem, inter quos fuit Abrahamus è genere Semi.

Deus fecit fœdus cum illo his verbis : *Exi*
è domo paternâ, desere patriam, et pete re-
gionem quam daturus sum posteris tuis : au-
gebo te prole numerosâ, eris pater multarum
gentium, ac per te omnes orbis nationes erunt
bonis cumulatæ. Aspice cœlum ; dinumera
stellas, si potes : tua progenies eas æquabit
numero.

Version 17.ᵉ

Abrahamus jam senuerat, et Sara ejus
uxor erat sterilis.

Quibus tamen Deus promisit filium ex eis
nasciturum.

Thème 15.

Après le déluge, la terre fut habitée par Noë et ses enfans. Le premier des trois enfans résolut d'habiter l'Asie qui comprend le pays où l'arche s'étoit arrêtée. Le second fils alla habiter l'Afrique. Le troisième se rendit en Europe, pays que nous habitons. L'Amérique n'étoit pas encore connue. Sans doute cette contrée fut d'abord habitée par des voyageurs venant de l'Asie. Comme les hommes ne craignoient plus le déluge, ils oublièrent les lois de Dieu, et commirent les plus grands crimes : ils adorèrent les astres et les ouvrages de leurs mains.

Thème 16.

L'an mil neuf cent vingt avant Jésus-Christ, Dieu parla à Abraham, fils de Sem, et lui dit : Partez du pays que vous habitez, et laissez vos parens, parce qu'ils sont inutiles au projet que j'ai formé sur vous ; allez dans un pays nouveau dont je donnerai la possession à votre postérité. Le Sauveur du monde naîtra de votre race. Vos descendans deviendront aussi nombreux que les étoiles qui brillent dans le ciel.

Thème 17.

Abraham étoit assis devant la porte de sa maison, lorsqu'il vit venir des Anges à qui il offrit l'hospitalité. Pendant le repas, les envoyés célestes promirent un fils à Sara

Habebis, inquit, *filium ex Sará conjuge tuá.*

Quod audiens Sara, risit, nec statim adhibuit fidem promissis Dei, et idcircò reprehensa est à Deo.

Abrahamus autem credidit Deo pollicenti.

Et verò uno post anno filius natus est Abrahamo, qui vocavit eum Isaacum.

Version 18.ᵉ

Postquàm Isaacus adolevit, Deus tentans fidem Abrahami, dixit illi : *Abrahame, tolle filium tuum unicum quem amas, et immola eum mihi in monte quem ostendam tibi.*

Abrahamus non dubitavit parere Deo jubenti : imposuit ligna Isaaco ; ipse verò portabat ignem et gladium.

Quùm iter facerent simul, Isaacus dixit patri : *Mi pater, ecce ligna et ignis ; sed ubinam est hostia immolanda ?* Cui Abrahamus : *Deus*, inquit, *sibi providebit hostiam, fili mi.*

Version 19.ᵉ

Ubi pervenerunt ambo in locum designatum, Abrahamus extruxit aram, disposuit ligna, alligavit Isaacum super struem lignorum, deindè arripuit gladium.

Tùm Angelus clamavit de cœlo : *Abrahame, contine manum tuam ; ne noceas puero : jam fides tua mihi perspecta est, quùm non peperceris filio tuo unico : et ego favebo tibi ; remunerabo splendidè fidem tuam.*

Abrahamus respexit, et vidit arietem hærentem cornibus inter vepres, quem immolavit loco filii.

qui étoit stérile. L'épouse d'Abraham ne parut pas ajouter foi à la parole des Anges ; c'est pourquoi ceux - ci la blâmèrent. Mais comme Abraham avoit cru sans délai, Dieu leur accorda un fils, qui reçut de son père le nom d'Isaac.

Thême 18.

Isaac étoit déjà grand, lorsque Dieu, voulant éprouver Abraham, dit à ce patriarche : Levez-vous, emmenez votre fils avec vous ; vous irez sur une montagne, et là vous immolerez Isaac. Cet ordre auroit paru cruel à tout autre ; mais Abraham exécuta sur-le-champ la volonté de Dieu qui parloit. Il chargea Isaac du bois destiné au sacrifice, et prit dans ses mains un glaive avec du feu : l'un et l'autre dirigèrent leurs pas vers le lieu que Dieu leur montra.

Thême 19.

L'autel étoit dressé, le bois étoit arrangé, et déjà Abraham avoit tiré le glaive pour immoler la victime, lorsqu'un Ange arrêta son bras, et lui dit : Epargnez votre fils, Dieu ne veut pas sa mort ; il est satisfait de votre foi, et il la récompensera d'une manière extraordinaire. Comme tout étoit disposé pour le sacrifice, le Seigneur offrit aux yeux d'Abraham un bélier embarrassé parmi des buissons. Abraham saisit cet animal, et l'immola sur l'autel destiné à Isaac.

Version 20.ᵉ

Posteà Abrahamus misit servum suum
Eliezerem ad cognatos suos qui erant in Me-
sopotamià, ut indè adduceret uxorem filio
suo Isaaco.

Eliezer sumpsit decem camelos domini
sui, et profectus est, portans secum munera
magnifica, quibus donaret puellam destina-
tam Isaaco et ejus parentes.

Ubi pervenit in Mesopotamiam, constitit
cum camelis propè puteum aquæ, ad vespe-
rum, quo tempore mulieres solebant conve-
nire ad hauriendam aquam.

Version 21.ᵉ

Eliezer oravit Deum his verbis : *Domine,
Deus Abrahami, fac ut puella quœ dabit
potum mihi petenti, ea sit quam Isaaco des-
tinas.*

Ecce statim Rebecca, virgo eximià pul-
chritudine, prodiit, gerens urnam humeris ;
quæ descendit ad puteum, et implevit urnam.

Tunc Eliezer egressus obviam puellæ :
Da, inquit, *potum mihi*. Cui Rebecca : *Bibe*,
ait, *domine mi ;* et simul demisit urnam.

Quùm ille bibisset, Rebecca obtulit etiam
aquam camelis. Hoc indicio cognovit Eliezer
quod scire cupiebat.

Version 22.ᵉ

Eliezer protulit inaures aureas et armillas,
quas dedit Rebeccæ ; tùm interrogavit illam

Théme 20.

Déjà Isaac avoit résolu de prendre une femme, et son père envoya Eliézer chercher une de ses parentes, pour qu'Isaac l'épousât. Eliézer partit donc, se confiant en la providence de Dieu qui lui désigneroit la femme destinée au fils de son maître. Il étoit arrivé en Mésopotamie avec ses chameaux, et il s'étoit arrêté auprès du puits commun, lorsqu'il vit venir plusieurs femmes qui avoient coutume de puiser de l'eau tous les soirs dans ce puits.

Théme 21.

Eliézer demanda au Seigneur qu'il lui indiquât l'épouse qu'il destinoit à Isaac. Tout-à-coup il vit venir Rebecca, jeune fille d'une très-belle figure. Celle-ci portoit une cruche qu'elle alla remplir dans le puits. Eliézer s'approchant, lui dit : Mademoiselle, donnez-moi de l'eau, je vous prie, car j'ai une soif extrême. Monsieur, répondit Rebecca, prenez ma cruche, buvez et offrez de l'eau à vos chameaux; j'irai remplir une seconde fois ma cruche. Eliézer but, et donna à boire à ses chameaux. Ensuite il rendit grâces à Dieu de ce qu'il lui avoit montré l'épouse d'Isaac.

Théme 22.

Le serviteur d'Abraham offrit à Rebecca des présens qu'il avoit apportés, et lui de-

cujus esset filia , nùm in domo patris esset locus ad commorandum.

Cui Rebecca respondit : *Ego sum filia Bathuelis : avus meus est frater Abrahami : est domi locus ad commorandum amplissimus : est etiam plurimùm feni et paleárum ad usum camelorum.*

Quod audiens Eliezer egit gratias Deo , qui tribuisset iter prosperum sibi.

Version 23.e

Rebecca properavit domum et narravit matri suæ ea quæ sibi contigerant.

Labanus frater Rebeccæ , quùm audivisset sororem narrantem , adivit hominem , qui stabat ad fontem cum camelis , et compellans eum : *Ingredere* , inquit , *domine mi ; cur stas foris ? Paravi hospitium tibi . et locum camelis.*

Dein deduxit eum domum , eique cibum apposuit.

Continuò Eliezer exposuit parentibus Rebeccæ causam itineris suscepti , rogavitque ut annuerent postulationi suæ.

Qui responderunt : *Ità voluntas Dei fert : nec possumus Deo obsistere. En Rebecca , proficiscatur tecum , nuptura Isaaco.*

Tùm Eliezer deprompsit vasa aurea et argentea , vestesque pretiosas , quas dedit Rebeccæ : obtulit etiam munera matri ejus et fratri , et inierunt convivium.

Version2 24.e

Postridiè Eliezer surgens manè , dixit pa-

manda le nom de son père. La jeune fille répondit à Eliézer : Mon père s'appelle Bathuel, et votre maître est son frère. Venez à la maison, vous vous reposerez ; amenez aussi vos chameaux, je leur donnerai du foin et de la paille. Eliézer répondit : Mademoiselle, puisque vous le permettez, j'irai dans la maison de votre père, et mes chameaux y passeront la nuit.

Thème 23.

Lorsque Eliézer fut entré dans la maison de Bathuel, il exposa les ordres qu'il avoit reçus de son maître, et il pria les parens de Rebecca de consentir à son mariage avec Isaac, puisque Dieu avoit exaucé sa prière, en lui montrant celle qui devoit être la belle-fille d'Abraham. Bathuel, reconnoissant la volonté du Ciel en cette occasion, adhéra à la demande d'Eliézer ; toutefois il voulut consulter Rebecca, qui se soumit avec joie à la volonté de son père. Alors le serviteur d'Abraham présenta tous les objets précieux qu'il avoit apportés pour toute la famille. Ensuite il s'occupa des préparatifs de son départ. Il étoit content, parce que le Seigneur avoit béni son voyage. Il prévoyoit la joie d'Abraham, en voyant l'épouse de son fils, laqaelle étoit aussi belle que vertueuse.

Thème 24.

Rebecca suivit Eliézer avec joie, parce

rentibus Rebeccæ : *Herus meus me expec-*
tat : dimitte me , ut redeam ad illum.

Qui responderunt : *Vocemus puellam , et*
percontemur ejus sententiam.

Quùm Rebecca venisset , sciscitati sunt
an vellet discedere cum homine ? *Volo* , inquit illa.

Dimiseruut ergò Rebeccam et nutricem
illius , precantes ei omnia prospera.

Isaacus fortè tunc deambulans rure , vidit
camelos venientes. Simul Rebecca conspicata
virum deambulantem , desiluit è camelo , et
interrogavit Eliezerem : *Quis est ille vir ?*

Eliezer respondit : *Ipse est herus meus.* Illa
statim operuit se pallio.

Eliezer narravit Isaaco omnia quæ fecerat.

Isaacus introduxit Rebeccam in tabernaculum matris suæ , et lenitus est dolor quem
capiebat ex morte matris.

Version 25.ᵉ

Rebeccca edidit uno partu duos filios ,
Esaüm et Jacobum. Qui prior editus est pilosus erat , alter verò lenis : ille fuit venator
strenuus , hic autem placidus et simplex
moribus.

Quâdam die , quùm Jacobus sibi paravis-
set pulmentum ex lentibus , venit Esaüs fessus de viâ , et dixit fratri : *Da mihi hoc pul-*
mentum ; nam redeo rure exanimatus lassi-
tudine.

Cui Jacobus : *Dabo , si concedas mihi jus*
primogeniti.

Faciam libenter , inquit Esaüs. *Jura ergò* ,
ait Jacobus.

qu'elle obéissoit au vœu de ses parens, et
à la volonté de Dieu qui s'étoit manifestée
d'une manière si visible. Déjà ils appro-
choient de la maison d'Abraham, lorsqu'ils
aperçurent Isaac. Celui-ci, voyant le serviteur de son père, s'écria : Voilà Eliézer qui
amène l'épouse que le Ciel m'a choisie, et
qui doit faire le bonheur de ma vie. Rebecca
étoit descendue du chameau qui la portoit.
Isaac l'abordant, lui donna la main, et la
pria d'entrer dans la tente de sa mère Sara.

Thême 25.

Rebecca eut deux fils, Esaü et Jacob. L'un
et l'autre naquirent en même temps, et leur
caractère fut différent ; car le premier aimoit
beaucoup la chasse, tandis que le second se
plaisoit à la maison. C'est pourquoi Rebecca
le préféroit à son frère. Esaü revint un jour
très-fatigué de la chasse, et il éprouvoit une
grande faim. Par hasard, Jacob avoit préparé
un plat de lentilles qui excita l'envie d'Esaü.
Celui-ci pria Jacob de le lui donner, promettant de lui céder son droit d'aînesse.
Jacob consentit au désir d'Esaü, et lui livra
les lentilles.

Esaüs juravit et vendidit jus suum.

Version 26.ᵉ

Isaacus, qui delectabatur venatione, amabat Esaüm ; Jacobus verò erat carior Rebeccæ.

Quùm Isaacus jàm senuisset, et factus esset cæcus, vocavit Esaüm : *Sumito*, inquit, *pharetram, arcum et sagittas : affer mihi et para de venatione pulmentum, ut comedam, et apprecer tibi fausta omnia, antequàm moriar.*

Esaüs itaque profectus est venatum.

Rebecca audierat Isaacum loquentem ; vocavit Jacobum, et : *Afferto*, inquit, *mihi hædos opimos : conficiam pulmentum, quo pater tuus valdè delectatur ; appones ei cibum, et benè precabitur tibi.*

Jacobus respondit : *Ego non ausim id facere, mater : Esaüs est pilosus ; ego sum lenis : si pater me attrectaverit, succensebit mihi : ità indignatio patris et damnum mihi evenient pro ejus benevolentiâ.*

Rebecca institit : *Ne timeas*, inquit, *fili mi. Si quid adversi indè sequatur, id totum sumo mihi. Tu verò non dubites facere quod jussus es.*

Itaque Jacobus abiit et attulit matri duos hædos ; illa paravit seni cibum quem noverat suavem esse palato ejus.

Deindè induit Jacobum vestibus fratris : aptavit pellem hædi manibus ejus et collo.

Tùm : *Adi*, inquit, *patrem tuum, et offer illi escam quam petit.*

Thême 27.

Thême 26.

Isaac, devenu vieux, avoit perdu la vue. Un jour il appela Esaü son premier-né, et lui demanda un repas préparé de sa main, en lui promettant sa bénédiction. Esaü obéit aussitôt, et alla chasser pour apporter du gibier à son père. La mère de Jacob avoit écouté les paroles d'Isaac. C'est pourquoi elle sollicita son fils à mériter la bénédiction de son père, en lui présentant le mets qu'il désiroit, pendant qu'Esaü étoit absent. Cette conduite de Rebecca paroît blamable, parce qu'elle priva Esaü son fils aîné de la bénédiction paternelle; mais l'apôtre St. Paul voit dans cette conduite la figure de ce qui devoit arriver dans l'Eglise. En effet, le peuple chéri de Dieu a été répudié, et les Gentils ont succédé aux Juifs dans l'amour du Seigneur.

Version 27.e

Jacobus attulit patri suo escam paratam à matre.

Cui Isaacus dixit : *Quisnam es tu ?* Jacobus respondit : *Ego sum Esaüs primogenitus tuus ; feci quod jussisti, pater ; surge et comede de venatione meâ.*

Quomodò, ait Isaacus, *potuisti invenire tàm citó ? Inveni, pater : Deus ita voluit.*

Isaacus rursùm : *Tune es Esaüs primogenitus meus ? accede propiùs, ut attrectem te.*

Ille accessit ad patrem, qui dixit : *Vox quidem est Jacobi, sed manus sunt Esai.*

Isaacus amplexatus Jacobum anteposuit eum fratri, et tribuit illi omnia bona primogeniti.

Version 28.e

Non multò post, Esaüs rediit è venatione, et ipse obtulit patri pulmentum quod paraverat.

Cui Isaacus mirans dixit : *Quis est ergò ille qui modò attulit mihi cibum, et cui apprecatus sum omnia fausta, tanquàm primogenito ?*

Quod audiens Esaüs edidit magnum clamorem, et implevit domum lamentis.

Esaüs ardens irâ minabatur mortem Jacobo.

Quare Rebecca mater timens dilecto filio suo : *Fuge*, inquit, *fili mi, abi ad Labanum avunculum tuum, et commorare apud eum, donec ira fratris tui defervescat.*

Thême 27.

Lorsque Rebecca eut préparé la nourriture qu'elle destinoit à Isaac, elle la donna à Jacob, afin qu'il la portât à son père. Isaac entendant Jacob qu'il croyoit être Esaü, lui dit : Mon cher fils, vous avez eu trouvé bientôt du gibier ; sans doute Dieu vous a favorisé. Approchez, pour que je vous embrasse, et recevez toutes les bénédictions que je vous donne comme à mon premier-né. Ainsi Jacob fut préféré à son frère.

Thême 28.

Quelques heures après que Jacob eut reçu la bénédiction de son père, Esaü arriva, portant dans ses mains le mets qu'il avoit préparé à son père. Il s'approcha d'Isaac, et le pria de le bénir ; mais celui-ci répondit : Je ne puis rétracter ce que j'ai fait ; j'ai cru bénir Esaü, et j'ai béni Jacob. A ces paroles, Esaü poussa de grands gémissemens, et il devint furieux contre son frère. C'est pourquoi Rebecca forma le projet d'éloigner Jacob, et de l'envoyer en Mésopotamie auprès de ses parens.

Jacobus dimissus à patre et matre, profectus est in Mesopotamiam.

Iter faciens pervenit ad quemdam locum, ubi fessus de viâ pernoctavit : supposuit lapidem capiti suo et obdormivit.

Version 29.ᵉ

Jacobus vidit in somnis scalam, quæ innixa terræ pertinebat ad cœlum, atque Angelos Dei ascendentes et descendentes ; audivit Dominum dicentem sibi : *Ego sum Deus patris tui ; dabo tibi et posteris tuis terram cui incubas : noli timere ; ego favébo tibi ; ero custos tuus, quòcumque perrexeris, et reducam te in patriam, ac per te omnes orbis nationes erunt bonis cumulatœ.*

Jacobus expergefactus adoravit Dominum.

Jacobus, iter persecutus, pervenit in Mesopotamiam : vidit tres pecorum greges propter puteum cubantes.

Nam ex eo puteo greges solebant adaquari. Os putei claudebatur ingenti lapide.

Jacobus accessit illuc, et dixit pastoribus : *Fratres, undè estis ?* Qui responderunt : *Ex urbe Haran.*

Quos interrogavit iterùm : *Nostisne Labanum ?* Dixerunt : *Novimus.* --- *Valetne ? Valet*, inquiunt : *ecce Rachel filia ejus venit cum grege suo.*

Version 30.ᵉ

Dum Jacobus loqueretur cum pastoribus, Rachel filia Labani venit cum pecore paterno : nam ipsa pascebat gregem.

Thème 29.

Jacob s'étoit arrêté dans un champ où il s'endormit. Pendant son sommeil, le Seigneur lui apparut au sommet d'une échelle merveilleuse qui touchoit le Ciel, et le long de laquelle des Anges montoient et descendoient. Il dit à Jacob qu'il lui donneroit le pays où il étoit, et qu'il le reconduiroit dans sa patrie. Jacob, rassuré par cette vision, continna sa route, et rencontra des troupeaux dont les bergers étoient les serviteurs de Laban son oncle.

Thème 30.

Rachel, fille de Laban, s'avançoit avec son troupeau qu'elle menoit paître. Jacob alla au-devant d'elle, en lui disant : Made-

C 3

Confestìm Jacobus videns cognatam suam, amovit lapidem ab ore putei. *Ego sum*, inquit, *filius Rebeccæ*, et osculatus est eam.

Rachel festinans nunciavit patri suo, qui agnovit filium sororis suæ, deditque ei Rachelem in matrimonium.

Jacobus diù commoratus est apud Labanum : intereà mirè auxit rem suam, et factus est dives.

Longo post tempore, admonitus à Deo, rediit in patriam suam.

Extimescebat iram fratris sui : ut placaret animum ejus, præmisit ad eum nuncios, qui offerrent ei munera.

Esaüs mitigatus occurrit obviàm Jacobo advenienti ; insiliit in collum ejus, flensque osculatus est eum, nec quidquam illi nocuit.

Version 31.ᵉ

Jacobus habuit duodecim filios, inter quos erat Josephus : hunc pater amabat præ cæteris, quia senex genuerat eum. Dederat illi togam textam è filis varii coloris.

Quam ob causam Josephus erat invisus suis fratribus, præsertìm postquàm narravisset eis duplex somnium, quo futura ejus magnitudo portendebatur.

Oderant illum tantoperè ut non possent cum eo amicè loqui.

Hæc porrò erant Josephi somnia. *Ligabamus*, inquit, *simul manipulos in agro : ecce manipulus meus surgebat et stabat rectus ; vestri autem manipuli circumstantes venerabántur meum.*

moiselle, vous voyez devant vous le fils de
Rebecca votre tante, qui a formé le dessein
de vous avoir pour épouse, si vous consentez
à cette alliance, vous et votre père. Laban
accorda sa fille à Jacob, qui pensa enfin à
retourner dans le pays qu'il habitoit durant
sa jeunesse. Toutefois il voulut auparavant
apaiser le ressentiment de son frère Esaü,
à qui il envoya de très-beaux présens. Après
plusieurs années de séparation, les deux
frères se virent avec plaisir, et s'embras-
sèrent.

Thème 31.

Parmi les douze fils de Jacob, Joseph mérite une place distinguée, à cause des événemens merveilleux qui lui arrivèrent. Il
étoit encore jeune, lorsqu'il eut divers songes
qui présageoient sa grandeur future. Il lioit
des gerbes avec ses frères; sa gerbe étoit
demeurée droite, pendant que les gerbes de
ses frères se courboient. Il vit également
dans un songe onze étoiles qui s'abaissoient
autour de lui. Joseph raconta ces songes à
ses frères; ce qui excita leur jalousie.

C 4

Posteà vidi in somnis solem, lunam et un-
decim stellas adorantes me.

Cui fratres responderunt : *Quorsùm spec-*
tant ista somnia ? nùm tu eris rex noster ?
nùm subjiciemur ditioni tuæ ? Fratres igitur
invidebant ei , et pater rem tacitus consi-
derabat.

Version 32.ᵉ

Quâdam die quùm fratres Josephi pasce-
rent greges procul , ipse remanserat domi.
Jacobus misit eum ad fratres , ut sciret quomodò se haberent.

Qui videntes Josephum venientem , consilium ceperunt illum occidendi : *Ecce*, in-
quiebant, *somniator venit : oecidamus illum*
et projiciamus in puteum : dicemus patri :
Fera devoravit Josephum. Tunc apparebit
quid sua illi prosint somnia.

Ruben qui erat natu maximus , deterrebat
fratres à tanto scelere.

Nolite, inquiebat, *interficere puerum : est*
enim frater noster : demittite eum potiùs in
hanc foveam.

Habebat in animo liberare Josephum ex
eorum manibus, et illum extrahere è foveâ,
atque ad patrem reducere.

Reipsâ his verbis deducti sunt ad mitius
consilium.

Version 33.ᵉ

Ubi Josephus pervenit ad fratres suos,
detraxerunt ei togam , quâ indutus erat , et
detruserunt eum in foveam.

Thême 32.

Un jour Jacob dit à Joseph : Tu demeureras à la maison, pendant que tes frères iront aux pâturages. Deux ou trois jours après leur départ, Joseph fut envoyé vers eux pour les visiter de la part de Jacob ; mais lorsqu'ils le virent venir, ils formèrent le dessein de le tuer. Ils furent détournés de ce projet par Ruben, l'aîné des douze frères : Ne tuons pas Joseph, leur dit-il, mais plutôt descendons-le dans la citerne que nous voyons. Or Ruben désiroit sauver Joseph, parce qu'il avoit horreur de la mort de son frère.

Thême 33.

Les frères de Joseph avoient descendu le jeune homme dans une fosse profonde, lorsque des marchands passèrent, allant en

C 5

Deindè quùm consedissent ad sumendum cibum , conspexerunt mercatores qui petebant Ægyptum cum camelis portantibus varia aromata.

Venit illis in mentem Josephum vendere iis mercatoribus.

Qui emerunt Josephum viginti nummis argenteis , eumque duxerunt in Ægyptum.

Tunc fratres Josephi tinxerunt togam ejus in sanguine hædi quem occiderant , et miserunt eam ad patrem cum his verbis : *Invenimus hanc togam* ; *vide an toga filii tui sit.*

Quam quùm agnovisset pater , exclamavit : *Toga filii mei est : fera pessima devoravit Josephum.* Deindè scidit vestem , et induit cilicium.

Omnes filii ejus convenerunt ut lenirent dolorem patris ; sed Jacobus noluit accipere consolationem , dixitque : *Ego descendam mœrens cum filio meo in sepulcrum.*

Version 34.ᵉ

Putiphar Ægyptius emit Josephum à mercatoribus.

Deus autem favit Putiphari, causâ Josephi : omnia ei prosperè succedebant.

Quam ob rem Josephus benignè habitus est ab hero , qui præfecit eum domui suæ.

Josephus ergò administrabatrem familiarem Putipharis , omnia fiebant ad nutum ejus, nec Putiphar ullius negotii curam gerebat.

Josephus erat insigni et pulchrâ facie : uxor Putipharis eum pelliciebat ad flagitium.

Josephus autem nolebat assentiri improbæ mulieri.

Egypte. Alors ils formèrent le dessein de le vendre à ces marchands; ce qui fut fait. Cependant Jacob ne voyoit point venir Joseph; il ignoroit quelle étoit la cause de son retard, lorsqu'il reçut un message qui lui apporta la robe de Joseph teinte du sang d'un chevreau, en lui disant: Voyez, seigneur, si vous reconnoîtrez cette robe. Alors ce père infortuné déchira ses vêtemens, en s'écriant: Une bête féroce a dévoré mon fils chéri; je le reverrai donc seulement dans le tombeau.

Thème 34.

Les marchands vendirent Joseph à Putiphar, riche Egyptien. Il n'est pas nécessaire de dire que la conduite du jeune homme mérita les éloges de son maître. Comme Joseph étoit l'enfant de la Providence, les affaires de Putiphar prospérèrent entre ses mains. Dieu éprouva bientôt la vertu de Joseph: la femme de Putiphar voulut le solliciter au crime; mais la modestie et la chasteté triomphèrent de la malice du démon. Toutefois cette méchante femme accusa Joseph auprès de son mari, qui con-

Quâdam die mulier apprehendit oram pallii ejus ; at Josephus reliquit pallium in manibus ejus , et fugit.

Mulier irata inclamavit servos , et Josephum accusavit apud virum , qui nimiùm credulus , conjecit Josephum in carcerem.

Version 35.ᵉ

Erant in eodem carcere duo ministri regis Pharaonis , alter præerat pincernis , alter pistoribus.

Utrique obvenit divinitùs somnium eâdem nocte.

Ad quos quùm venisset Josephus manè, et animadvertisset eos tristiores solitò, interrogavit quænam esset mœstitiæ causa ?

Qui responderunt : *Obvenit nobis somnium , nec quisquam est qui illud nobis interpretetur.*

Nonne, inquit Josephus , *Dei solius est prænoscere res futuras ? narrate mihi somnia vestra.*

Tùm prior sic exposuit Josepho somnium suum : *Vidi in quiete vitem in quâ erant tres palmites : ea paulatìm protulit gemmas ; deindè flores eruperunt , ac deniquè uvæ maturescebant.*

Ego exprimebam uvas in scyphum Pharaonis , eique porrigebam.

Esto bono animo, inquit Josephus ; *post tres dies Pharao te restituet in gradum pristinum : te rogo ut memineris mei.*

Alter quoque narravit somnium suum Josepho : *Gestabam in capite tria canistra in*

damna l'innocence , et la fit charger de
chaînes.

Thême 35.

Joseph eut pour compagnons de sa captivité deux officiers du roi , dont l'un étoit son
échanson , et l'autre le chef des panetiers.
Le premier avoit vu en songe un cep d'où
sortoient trois branches , qui portèrent
d'abord des fleurs , et ensuite des raisins. Il
lui sembloit exprimer le suc de ces raisins
dans la coupe de Pharaon. Le second rêva
qu'il portoit trois corbeilles sur sa tête , et
que les oiseaux venoient manger ce qui étoit
contenu dans les corbeilles. Joseph interpréta ces deux songes. Il dit à l'échanson
qu'il seroit rétabli dans sa place avant trois
jours. Il dit ensuite au panetier que Pharaon
le condamneroit à mort , et qu'avant trois
jours les oiseaux du ciel se repaîtroient de
sa chair.

Plusieurs savans ont vu dans Joseph l'image
du dieu Protée. La Fable dit que ce dieu
doit être lié pour rendre des oracles , parce
que Joseph étoit dans les chaînes lorsqu'il
interpréta les songes. Le nom même que la
Fable donne à Protée , signifie Prince dans
la langue grecque ; parce que, en effet , Joseph avoit en Égypte le titre de Prince , qui
lui fut donné par le roi Pharaon.

quibus erant cibi quos pistores solent con-
ficere.

Ecce autem aves circumvolitabant , et cibos
illos comedebant. Cui Josephus : *Hæc est in-*
terpretatio istius somnii : tria canistra sunt
tres dies , quibus elapsis , Pharao te feriet
securi , et affiget ad palum , ubi aves pascen-
tur carne tuâ.

Die tertio , qui dies natalis Pharaonis erat,
splendidum convivium paratum fuit.

Tunc rex meminit ministrorum suorum ,
qui erant in carcere.

Restituit præfecto pincernarum munus suum,
alterum verò securi percussum suspendit ad
palum. Ità res somnium comprobavit.

Tamen præfectus pincernarum oblitus est
Josephi , nec illius in se meriti recordatus est.

Version 36.^e

Post biennium rex ipse habuit somnium.
Videbatur sibi adstare Nilo flumini : et ecce
emergebant de flumine septem vaccæ pingues , quæ pascebantur in palude. Deindè
septem aliæ vaccæ macilentæ exierunt ex eodem flumine , quæ devorârunt priores.

Pharao experrectus rursùm dormivit , et
alterum habuit somnium. Septem spicæ plenæ
enascebantur in uno culmo, aliæque totidem
exiles succrescebant , et spicas plenas con-
sumebant.

Ubi illuxit., Pharao perturbatus convoca-
vit omnes conjectores Ægypti , et narravit
illis somnium ; at nemo poterat illud inter-
pretari.

Thême 36.

La reconnoissance n'est pas la vertu des grands. Le ministre de Pharaon, rentré en grâce avec son roi, oublia Joseph. Deux ans après, Pharaon crut voir en songe sept vaches grasses qui sortoient du Nil, et qui furent dévorées ensuite par sept autres vaches maigres. Dans la même nuit, il crut encore voir sept épis bien pleins portés par une seule tige, et qui furent étouffés par autant d'épis grêles qui vinrent ensuite. Le roi ayant assemblé les devins de son royaume, voulut savoir ce que signifioient ces songes ; mais personne ne put satisfaire sa curiosité. Alors l'intendant des échansons se souvint de Joseph, et il dit à Pharaon : Sire, lorsque

Tunc præfectus pincernarum dixit regi :
Confiteor peccatum meum : quùm ego et præ-
fectus pistorum essemus in carcere , uterque
somniavimus eádem nocte.

Erat ibi puer Hebræus , qui nobis sapienter
interpretatus est somnia ; res enim interpre-
tationem comprobavit.

Version 37.ᵉ

Rex arcessivit Josephum , eique narravit
utrumque somnium. Tùm Josephus Pharaoni :
Duplex , inquit , somnium unam atque eam-
dem rem significat.

Septem vaccæ pingues et septem spicæ
plenæ sunt septem anni ubertatis mox ven-
turæ ; septem verò vaccæ macilentæ et septem
spicæ exiles sunt totidem anni famis , quæ
ubertatem secutura est.

Itaque , rex , præfice toti Ægypto virum
sapientem et industrium , qui partem frugum
recondat in horreis publicis , servetque dili-
genter in subsidium famis secuturæ.

Regi placuit consilium : quare dixit Josepho : *Num quisquam est in Ægypto te sa-*
pientior ? nemo certè fungetur melius illo
munere. En tibi trado curam regni mei.

Tùm detraxit è manu suâ annulum , et
Josephi digito inseruit : induit illum veste
byssinâ : collo torquem aureum circumdedit,
eumque in curru suo secundum collocavit.

Josephus erat triginta annos natus , quùm
summam potestatem à rege accepit.

j'étois en prison avec le chef de vos panetiers, un jeune Hébreu, compagnon de notre
captivité, interpréta deux songes que nous
eûmes dans la même nuit. Il nous prédit que
dans trois jours l'un seroit mis à mort, et
l'autre seroit rétabli dans vos faveurs. Vous
savez, Sire, que l'événement a justifié cette
interprétation.

Thême 37.

Pharaon ordonna que Joseph parût devant
lui ; et lorsqu'il lui eut raconté son songe, le
jeune Hébreu lui répondit : Les deux songes
que vous avez eus, sont un double avis que
Dieu vous donne, pour que vous songiez à
l'avenir. Une grande abondance vous est pré-
dite par les vaches grasses et les épis pleins ;
cette abondance durera sept ans, après les-
quels viendront sept années de stérilité an-
noncées par les sept vaches maigres et les
sept épis grêles. C'est pourquoi, Sire, il vous
importe de recueillir, pendant les sept années d'abondance, tout le grain nécessaire
à la subsistance de vos peuples pendant le
temps de la disette. Le roi dit alors à Joseph :
Je vous établis l'administrateur de mon
royaume ; remplissez mes greniers; et faites
tout ce qui sera utile pour prévenir le malheur qui nous menace.

Version 38.ᵉ

Josephus perlustravit omnes Ægypti regiones, et per septem annos ubertatis congessit maximam frumenti copiam.

Secuta est inopia septem annorum, et in orbe universo fames ingravescebat.

Tunc Ægyptii, quos premebat egestas, adierunt regem, postulantes cibum.

Quos Pharao remittebat ad Josephum. Hic autem aperuit horrea, et Ægyptiis frumenta vendidit.

Ex aliis quoque regionibus conveniebatur in Ægyptum ad emendam annonam.

Eâdem necessitate compulsus Jacobus, misit illùc filios suos.

Itaque profecti sunt fratres Josephi; sed pater retinuit domi natu minimum, qui vocabatur Benjaminus.

Timebat enim ne quid mali ei accideret in itinere.

Benjaminus ex eâdem matre natus erat quâ Josephus, ideòque ei longè carior erat quàm cæteri fratres.

Version 39.ᵉ

Decem fratres, ubi in conspectum Josephi venerunt, eum proni venerati sunt.

Agnovit eos Josephus, nec ipse est cognitus ab eis.

Noluit indicare statìm quis esset; sed eos interrogavit tanquàm alienos : *Undè venistis, et quo consilio ?*

Qui responderunt : *Profecti sumus è regione Chanaan, ut emamus frumentum.*

Thême 38.

Joseph visita toutes les parties de l'Egypte, pour recueillir le blé que produisirent les sept années d'abondance, et ainsi il put fournir des vivres aux Egyptiens pendant les sept années qu'ils furent pressés par la famine. Cependant Jacob, père de Joseph, manquoit de vivres, et il fut obligé d'envoyer ses fils en Egypte pour en acheter. Toutefois il retint à la maison Benjamin, le plus jeune de ses enfans, ne voulant pas l'exposer aux fatigues d'un long voyage.

Thême 39.

Les fils de Jacob, arrivés en Egypte, furent conduits à Joseph, qui les reconnut d'abord, mais ceux-ci ne reconnurent pas leur frère. Joseph feignit donc de les regarder comme des espions, et les interrogations qu'il leur fit ressembloient à des reproches. D'où venez-vous, leur dit-il, et qui êtes-vous? Les Hébreux s'excusèrent, en disant qu'il étoient venus seulement pour

Non est ità, inquit Josephus ; *sed venis-tis hùc animo hostili : vultis explorare nostras urbes et loca AEgyti parùm munita.*

At illi : *Minimè*, inquiunt ; *nihil mali meditamur : duodecim fratres sumus ; mini-mus retentus est domi à patre : alius verò non superest.*

Illud Josephum angebat, quòd Benjaminus cum cæteris non aderat.

Quare dixit eis : *Experiar an verum di-xeritis : maneat unus ex vobis obses apud me, dùm adducatur hùc frater vester minimus ; cæteri, abite cum frumento.*

Tunc cœperunt inter se dicere : *Meritò hæc patimur : crudeles fuimus in fratrem nostrum ; nunc pœnam hujus sceleris luimus.*

Putabant hæc verba non intelligi à Jose-pho, qui per interpretem cum eis loque-batur.

Ipse autem avertit se parumper, et flevit.

Version 40.e

Josephus jussit fratrum saccos impleri tri-tico, et pecuniam quam attulerant, reponi in ore saccorum ; addidit insuper cibaria in viam.

Deindè dimisit eos, præter Simeonem, quem retinuit obsidem.

Itaque profecti sunt fratres Josephi, et quùm venissent ad patrem, narraverunt ei omnia quæ sibi acciderant.

Quùm aperuissènt saccos, ut effunderent frumenta, mirantes repererunt pecuniam.

Jacobus, ut audivit Benjaminum arcessi

acheter du blé , à cause de la famine qui régnoit dans leur pays ; ils ajoutèrent qu'ils avoient été douze frères, et que le onzième étoit mort , et l'autre étoit resté à la maison. Alors Joseph dit à Siméon : Vous resterez ici, jusqu'à ce que votre frère le plus jeune soit arrivé , et je verrai par-là si vous m'avez dit la vérité.

Thême 40.

Les Hébreux partirent sans leur frère, emportant leurs sacs pleins de blé. Mais lorsqu'ils furent arrivés dans leur pays, ils furent étonnés de trouver dans leurs sacs l'argent qu'ils avoient compté à l'intendant de Joseph. Ensuite ils racontèrent à Jacob que le gouverneur de l'Egypte désiroit voir Benjamin , et que Siméon seroit retenu jusqu'à ce que Benjamin le délivrât. Cette nouvelle causa le plus grand chagrin au vieillard , et renouvela la douleur qu'il avoit ressentie par la perte de Joseph (*par Joseph perdu*).

à Præfecto Ægypti, cum gemitu questus est.

Orbum me liberis fecistis : Josephus mortuus est ; Simeon retentus est in Ægypto ; Benjaminum vultis abducere.

Hæc omnia mala in me recidunt ; non dimittam Benjaminum : nam si quid ei adversi acciderit in vià, non potero ei superstes vivere, et dolore oppressus moriar.

Version 41.ᵉ

Postquàm consumpti sunt cibi quos attulerant, Jacobus dixit filiis suis : *Proficiscimini iterùm in Ægyptum, ut ematis cibos.*

Qui responderunt : *Non possumus adire Præfectum Ægypti sine Benjamino : ipse enim jussit illum ad se adduci.*

Cur, inquit pater, *mentionem fecistis de fratre vestro minimo ?*

Ipse, inquiunt, *nos interrogavit an pater viveret, an alium fratrem haberemus ? Respondimus ad ea quæ sciscitabatur : non potuimus præscire eum dicturum esse : Adducite hùc fratrem vestrum.*

Tunc Judas unus è filiis Jacobi, dixit patri : *Committe mihi puerum : ego illum recipio in fidem meam : ego servabo, ego reducam illum ad te ; nisi fecero, hujus rei culpa in me residebit : si voluisses eum statìm dimittere, jam secundò hùc rediissemus.* Tandem victus pater annuit : *Quoniam necesse est*, inquit, *proficiscatur Benjaminus vobiscum ; deferte viro munera et duplum pretium, ne fortè errore factum sit ut vobis redderetur prior pecunia.*

Théme 41.

Les vivres apportés par les enfans de Jacob étant consumés, ils pensèrent à retourner
en Egypte. Jacob s'opposa long-temps au
départ de Benjamin; cependant il y consentit avec peine, et il engagea ses enfans à
porter avec eux le double de la première
somme (*la première somme double*), de
peur que l'argent du premier blé ne fût re-
demandé. Joseph fut averti du retour de ses
frères, et il ordonna qu'ils fussent introduits
dans son palais. Ils étoient remplis de crainte,
et ils annoncèrent à l'intendant de Joseph,
qu'ils avoient rapporté l'argent trouvé dans
leurs sacs.

Version 42.^e

Nunciatum est Josepho eosdem viros advenisse, et cum eis parvulum fratrem.

Jussit Josephus eos introduci domum, et lautum parari convivium.

Illi porrò metuebant ne arguerentur de pecuniâ, quam in saccis repererant : quarè purgaverunt se apud dispensatorem Josephi.

Jam semel, inquiunt, *hùc venimus : reversi domum, invenimus pretium frumenti in saccis : nescimus quonam casu id factum fuerit ; sed eamdem pecuniam reportavimus.*

Quibus dispensator ait : *Bono animo estote.* Deindè adduxit ad illos Simeonem, qui retentus fuerat.

Deindè Josephus ingressus est in conclave, ubi sui eum fratres exspectabant, qui eum venerati sunt offerentes ei munera.

Josephus eos clementer salutavit, interrogavitque : *Salvusne est senex ille quem vos patrem habetis ? Vivitne adhuc ?*

Qui responderunt : *Salvus est pater noster, adhuc vivit.*

Josephus autem, conjectis in Benjaminum oculis, dixit : *Iste est frater vester minimus, qui domi remanserat apud patrem ?* et rursùs : *Deus sit tibi propitius, fili mi :* abiit festinans, quia commotus erat animo, et lacrymæ erumpebant.

Version 43.^e

Josephus lotâ facie regressus, continuit se, et jussit apponi cibos. Tùm distribuit escam ynicuique fratrum snorum ; sed pars

Thême 42.

Thême 42.

Les enfans de Jacob voyant entrer le gouverneur de l'Egypte dans la salle où ils étoient, se prosternèrent à ses pieds. Joseph leur demanda si leur père vivoit encore ; puis, jetant les yeux sur Benjamin, il s'informa si c'étoit leur plus jeune frère. Comme la joie de voir Benjamin lui arrachoit des larmes, il se hâta de sortir, et revint quelque temps après auprès de ses frères. Ne voulant pas encore être connu d'eux, il ordonna de nouveau que les sacs des Hébreux fussent remplis de blé, et que sa coupe d'argent fût cachée dans le sac de Benjamin.

Thême 43.

Les Hébreux avoient obtenu la permission de retourner dans leur pays. Déjà ils étoient à une lieue de la ville, lorsqu'ils virent venir

Benjamini erat quintuplò major quàm cæte-
rorum. Peracto convivio, Josephus dat negotium dispensatori, ut saccos eorum impleat
frumento, pecuniam simul reponat, et insuper scyphum suum argenteum in sacco
Benjamini recondat.

Ille fecit diligenter quod jussus fuerat.

Fratres Josephi sese in viam dederant,
necdùm procul ab urbe aberant.

Tunc Josephus vocavit dispensatorem domûs suæ, eique dixit : *Persequere viros, et
quùm eos assecutus fueris, illis dicito : Quare
injuriam pro beneficio rependistis ?*

*Subripuistis scyphum argenteum, quo do-
minus meus utitur : improbè fecistis.*

Dispensator mandata Josephi perfecit ; ad
eos confestìm advolavit, furtum exprobravit,
rei indignitatem exposuit.

Version. 44ᵉ

Fratres Josephi responderunt dispensatori : *Istud sceleris longè à nobis alienum est :
nos, ut tutè scis, retulimus bonâ fide pecuniam repertam in saccis ; tantùm abest ut
furati simus scyphum domini tui : apud quem
furtum deprehensum fuerit, is morte mulc-
tetur.*

Continuò deponunt saccos et aperiunt ;
quos ille scrutatus, invenit scyphum in sacco
Benjamini.

Tunc fratres Josephi mœrore oppressi re-
vertuntur in urbem.

Adducti ad Josephum, sese abjecerunt ad
pedes illius. Quibus ille : *Quomodò*, inquit,
potuistis hoc scelus admittere ?

un serviteur de Joseph qui couroit après eux. Ils s'arrêtèrent, et lui demandèrent ce qu'il vouloit d'eux. Le serviteur leur dit d'une voix menaçante, qu'ils seroient punis du crime qu'ils avoient commis en enlevant la coupe de son maître. Les enfans de Jacob, accablés de chagrin, entreprirent de se justifier, et ils ouvrirent leurs sacs. Mais quel fut leur étonnement, quand ils aperçurent la coupe de Joseph à l'entrée du sac de Benjamin. Ils furent tous conduits à Joseph, qui, ne pouvant retenir plus long-temps ses larmes, se jeta dans les bras de ses frères, et les embrassa, en leur disant qu'il étoit Joseph.

RÉCAPITULATION DES RÈGLES.

Thême 44.

Plusieurs personnes m'ont dit que votre sœur étoit plus sage que vous. Je suis porté à le croire; car vous êtes plus semblable à un écolier paresseux qu'à un enfant docile. J'ai toujours cru que mon oncle arriveroit mardi matin; cependant il n'étoit pas arrivé jeudi à huit heures du soir. Mon cher ami, entreprenez des ouvrages que les princes chérissent et favorisent, et vous aurez du succès. Les soldats, trompés par les promesses de César, n'ont jamais voulu se repentir de leur rebellion.

D 2

Judas respondit : *Fateor, res est mani-*
festa ; nullam possumus excusationem afferre,
nec audemus petere veniam aut sperare ; nos
omnes erimus servi tui.

Nequaquàm, ait Josephus ; sed ille apud
quem inventus est scyphus, erit mihi servus :
vos autem abite liberi ad patrem vestrum.

Version 45.ᵉ

Tunc Judas accedens propiùs ad Josephum ;
Te oro, inquit, domine mi, ut bonâ cum ve-
niâ me audias : pater unicè diligit puerum :
nolebat primò eum dimittere ; non potui id ab
eo impetrare, nisi postquàm spopondi eum
tutum ab omni periculo fore ; si redierimus
ad patrem sine puero, ille mœrore confectus
morietur.

Te oro atque obsecro ut sinas puerum
abire, meque pro eo addicas in servitutem :
ego pœnam, quâ dignus est, mihi sumo et
exsolvam.

Intereà Josephus continere se vix poterat :
quare jussit Ægyptios adstantes recedere.

Tùm flens dixit magnâ voce : *Ego sum*
Josephus : vivitne adhuc pater meus ?

Non poterant respondere fratres ejus nimio
timore perturbati.

Quibus ille amicè : *Accedite, inquit, ad*
me : ego sum Josephus frater vester, quem
vendidistis mercatoribus euntibus in Ægyp-
tum : nolite timere ; Dei providentiâ id fac-
tum est, ut ego saluti vestræ consulerem.

Théme 45.

Nous voyons approcher l'hiver, cette saison rigoureuse. Si les pauvres redoutent ce temps malheureux, parce qu'ils manquent de pain, les écoliers aiment à le voir pour faire des boules de neige, et pour glisser sur la glace. Tous ne sont pas accoutumés à cette sorte d'exercice. Pierre m'a dit que mon frère partiroit dans le mois de juin pour Milan, où il doit demeurer tout l'été. Il quittera cette ville au commencement de l'automne, et il viendra habiter Paris, ville si agréable pendant l'hiver, à cause des fêtes que le Roi a préparées. J'ignore dans quel temps mon cousin reviendra de Marseille, ville que nous avons trouvée si gaie l'année dernière.

D 3

Version 46.^e

Josephus hæc locutus , fratrem suum Benjaminum complexus est , eumque lacrymis conspersit.

Deindè cæteros quoque fratres collacrymans osculatus est. Tùm demùm illi cum eo fidenter locuti sunt.

Quibus Josephus : *Ite* , inquit , *properate ad patrem meum , eique nunciate filium suum vivere , et apud Pharaonem plurimùm posse : persuadete illi ut in Ægyptum cum omni familia commigret.*

Fama de adventu fratrum Josephi ad aures regis pervenit : qui dedit eis munera perferenda ad patrem cum his mandatis : *Adducite hùc patrem vestrum et omnem familiam ejus ; nec multùm curate supellectilem vestram , quia omnia quæ opus erunt vobis , præbiturus sum ; et omnes opes Ægypti vestræ erunt.*

Misit quoque currus ad vehendum senem et parvulos , et mulieres.

Version 47.^e

Fratres Josephi festinantes reversi sunt ad patrem suum , eique nunciaverunt Josephum vivere , et principem esse totius Ægypti.

Ad quem nuntium , Jacobus quasi è gravi somno excitatus obstupuit , nec primùm filiis rem narrantibus fidem adhibebat ; sed postquàm vidit plaustra et dona sibi à Josepho missa , recepit animum , et : *Mihi satis est,*

Théme 46.

Le Roi ayant considéré le tableau de mon maître, ordonna qu'il fût placé dans son vestibule, à côté des ouvrages des peintres les plus célèbres. Nos compagnons de collége sont devenus insolens, parce que la fortune les a favorisés et enrichis : c'est la raison pour laquelle ils nous ont interdit l'entrée de leur château. Nous avons été accablés de douleur en voyant cette conduite ; car autrefois nous étions réunis par la plus étroite amitié. C'est pourquoi nous avons besoin d'un nouvel ami qui puisse nous donner la force d'oublier les anciens, qui nous ont oubliés les premiers. La vie de l'homme est remplie de pareils événemens ; Dieu seul se souvient toujours de ceux qui l'ont servi.

Théme 47.

Cette année notre professeur enseignera la langue grecque à ceux qui veulent l'étudier ; j'espère que le désir de devenir savant vous portera à apprendre une langue aussi belle. Nous savons aujourd'hui lequel de mes deux frères aime le mieux cette étude. Je savois avant vous que Charles auroit honte de sa paresse ; car elle lui a causé de grandes peines.

D 4

inquit , *si vivit adhuc Josephus meus : ibo et videbo eum antequàm moriar.*

Jacobus profectus cum filiis et nepotibus , pervenit in Ægyptum , et præmisit Judam ad Josephum , ut eum faceret certiorem de adventu suo.

Confestìm Josephus processit obviàm patri ; quem ut vidit , in collum ejus insiliit , et flens flentem complexus est.

Tùm Jacobus : *Satis diù vixi,* inquit ; *nunc æquo animo moriar , quoniam conspectu tuo frui mihi licuit, et te mihi superstitem relinquo.*

Version 48.ᵉ

Josephus adiit Pharaonem , eique nunciavit patrem suum advenisse : constituit etiam quinque è fratribus suis coram rege.

Qui eos interrogavit quidnam operis haberent : illi responderunt se esse pastores.

Tùm rex dixit Josepho : *Ægyptus in potestate tuâ est , cura ut pater et fratres tui in optimo loco habitent ; et si qui sint inter eos gnavi et industrii , trade eis curam pecorum meorum.*

Josephus duxit quoque patrem suum ad Pharaonem , qui , salutatus à Jacobo , percontatus est ab eo quâ esset ætate ?

Jacobus respondit regi : *Vixi centum et triginta annos ; nec adeptus sum senectutem beatam avorum meorum.* Tùm benè precatus regi , discessit ab eo.

Josephus autem patrem et fratres suos collocavit in optimâ parte Ægypti , eisque omnium rerum abundantiam suppeditavit.

Sa mère ne vouloit plus le voir, et elle auroit exécuté le projet qu'elle avoit formé, de partir pour Londres l'été prochain, afin d'être éloignée d'un fils qui répond si mal à son amour. Je pense que Charles ne verroit pas partir sa mère sans douleur; c'est pourquoi il a résolu de mieux travailler à l'avenir. De cette manière il se conciliera la bienveillance de tout le monde.

Thême 48.

Le tyran se sert d'un lit de fer doré, et long de huit pieds. Sa chambre est toujours gardée par trente satellites, qu'il a soin de récompenser à la fin de chaque année. Ses habits sont de laine très-fine, et teints en couleur bleue. Personne n'entre dans le lieu où il couche. Il paroît toujours d'une figure triste. Les peuples qu'il gouverne désirent le voir mourir, parce qu'il n'est pas occupé de leur bonheur. Avouons, mes chers amis, qu'une telle vie est digne de pitié plutôt que d'envie. Un prince qui favorise et aime les arts est beaucoup plus heureux. Le peintre se plaît à faire son portrait, le poète à chanter ses louanges, l'acteur à imiter ses gestes et à répéter ses paroles.

F I N.

D 5

DICTIONNAIRE

DES

THÊMES.

A

A prép. qui marque ordinairement le dat. latin. On l'exprime par ad devant un nom de lieu, à moins d'une règle contraire.

Abaissement, (parlant des eaux). Imminutio, onis. fém.

s'Abaisser. v. Demitto, is, misi, missum, mittere. 3. act. Ajoutez se.

Abel. Abel, elis. m.

Abondance. Ubertas, atis. fém.

Abondant, ante. adj. Abundans, antis.

d'Abord. Primùm. adv.

Aborder. v. Adeo, is, adii, itum, ire, avec l'acc.

Abraham. Abrahamus, i. masc.

Absent, ente. adj. Absens, entis.

être Absent. v. Absum, abes, abfui, abesse.

Accabler. v. Opprimo, is, oppressi, oppressum, opprimere. 3. act.

Accompagner. v. Comito, as, avi, atum, are. 1. act.

Accorder. v. Concedo, is,

cessi, cessum, cedere. act.

Accoutumé, ée. adj. Consuetus, a, um.

Accuser, v. Accuso, as, avi, atum, are. 1. act.

Acheter, v. Emo, is, i, emptum, emere. 3. act.

s'Acquitter. verb. Fungor, eris, functus sum, fungi. dép. avec l'ablatif.

Acteur. Actor, oris. m.

Adam. Adamus, i. m.

Adhérer. v. Annuo, is, i, ere. 3. avec le datif.

Administrateur. Administrator, oris. m.

Affaire. Negotium, ii. n. ou Res, rei. f.

Affection. Amor, oris. m.

Affectueux, euse. adj. Suavis. m. f. e, n.

Afin que. conj. Ut. avec le subj.

Afrique. Africa, æ. f.

Agréable. adj. Jucundus, a, um. ou Acceptus, a, um. *Plus agréable.* Acceptior. m. f. ius. n.

Aigu, aigüe. adj. Acutus, a, um.

Aimable. adj. Amabilis. m. f. amabile. n.

Aimer. v. Amo, as, avi, atum, are. 1. act.

Aîné, *ée.* Natu major, oris. *adj.*

droit d'Aînesse. Primogenita, orum. *pl. n.*

Ajouter. v. Adhibeo, es, ui, itum, ere. 2. *act.*

Aller. v. Eo, is, ivi, itum, ire. 4. *n.*

Alliance. Unio, onis. *f.*

Ame. Anima, æ. *f.*

Amener, v. Adduco, is, xi, ductum, ducere. 3. *act.*

Amérique. America, æ. *f.*

Ami. Amicus, i. *m.*

Amitié. Amicitia, æ. *f.*

An. Annus, i. *m.*

Ancien, *enne. adj.* Pristinus, a, um.

Ange. Angelus, i. *m.*

Animal. Animans, antis. *n.*

Annoncer. verb. (*prédire*). Prædico, is, dixi, dictum, dicere. 3. *act.*

Antre. Antrum, i. *n.*

Août. Augustus, i. *m.*

Apaiser. verb. Mitigo, as, avi, atum, are. 1. *act.*

Apercevoir. v. Conspicio, is, pexi, pectum, picere. 3. *act.*

Apôtre. Apostolus, i. *m.*

Appeler. v. Voco, as, avi, atum, are. 1. *act.*
    Donner un nom à quelque chose. Nomino, as, avi, atum, are. 1. *act.*

Apporter. v. Affero, affers, attuli, allatum, afferre. *act.*

Apprendre. v. Disco, is, didici, discere. 3. *act.*

s'Approcher. v. Appropinquo, as, avi, atum, are. 1. *act.*

Après. prép. Post *avec l'acc.*

Après que. Postquàm.

Arbre. Arbor, oris. *m.*

Arc. Arcus, ûs. *m.*

Arche. Arca, æ. *f.*

Argent. Pecunia, æ. *f.*

Arracher. v. Avello, is, avulsi, vulsum, vellere. 3. *act.*

Arracher des larmes. v. Commoveo, es, i, motum, movere. 2. *actif.* *Ajoutez* lacrymas.

Arrangé, *ée. adj.* Compositus, a, um.

Arrêter. v. Retineo, es, ui, retentum, retinere. 2. *act.*

s'Arrêter. v. Maneo, es, mansi, mansum, manere. 2. *neut.*

Arriver, (*parlant d'une personne*). Advenio, is, veni, ventum, venire. 4. neut. (*parlant d'un événement*). Accido, is, i, ere. 3. *act.*

Arroser. Irrigo, as, avi, atum, are. 1. *act.*

Arts. Artes, ium. *f.*

Asie. Asia, æ. *f.*

Assembler. v. Convoco, as, avi, atum, are. 1. *act.*

s'Asseoir. v. Sedeo, es, i, sedere. 2. *n.*

Assistant. Adstans, antis.

Astre. Sidus, eris. *n.*

Attentif, adj. Attentus, a, um. *A, aux, qui suit, s'exprime par* ad, *avec l'acc.*

Aucun, *une*, *suivi d'une nég.* Nullus, a, um. *pron.*

Auprès. prép. Juxtà *avec l'acc.*

Aussi. conj. Etiam.

Aussi devant un adj. suivi de que s'exprime par æ *que, et le que par* ac.

Aussitôt. adv. Statim.

Autel. Altare, is. *n.*

Auteur. Auctor, oris. *m.*

Automne. Autumnus, i. *m.*

Autour. prép. Circum, *avec l'acc.*

Autre. Alius, alia, aliud, *gén.* ius. *pron.* – *Les autres.* Cæteri, æ, cætera. *Tout autre.* Quivis alius, quævis alia, quodvis aliud.

s'Avancer. v. Accedo, is, accessi, cessum, cedere. 3. *neut.*

Avant. prép. Ante, *avec l'acc.*

Avec. prép. cum, *avec l'abl.* *Avec soi.* Secum. *Avec vous.* Vobiscum, *au plur.* Tecum, *au sing.*

Avenir. Futurum, i. *n.* – *A l'avenir.* In posterum.

Avertir. v. Moneo, es, ui, itum, ere. 2. *act.*

Aveugle. adj. Cæcus, a, um.

Avis. Consilium, ii. *n.*

Avoüer. v. Fateor, eris, fassus sum, fateri. *dép.* acc.

Avril. Aprilis, is. *m.*

B

*B*arbare. adj. Barbarus, a, um.

Bateau. Navis, is. *f.*

Bathuel. Bathuel, elis. *m.*

Bâtir. v. Ædifico, as, avi, atum, are. 1. *act.*

Bâton. Fustis, is. *m.*

Beau, belle. adj. Pulcher, ra, um. comp. Pulchrior, *m. f.* ius. *n.* Superl. Pulcherrimus, a, um.

Beaucoup. adv. Multùm. *Il s'exprime par* multò, *devant un comp.* – *Il devient adj. devant un subs-*

tantif plur. et se rend par multi, æ, a.

Bélier. Aries, etis. *m.*

Belle-fille. Nurus, ûs. *f.*

Bénédiction. Benedictio, g. onis. *f.*

Bénir. v. Benedico, is, xi, dictum, dicere. 3. *dat.*

Benjamin. Benjaminus, i. masc.

Berger. Pastor, oris. *m.*

avoir Besoin. v. Indigeo, es, indigui, indigere. 2. *abl.*

Bête. Bestia, æ. *f.*

Bien. Bonum, i. *n.*

Bien. adv. Maximè.

Bientôt. Mox. *adv.*

Bienveillance. Benevolentia, æ. *f.*

Blâmable. adj. Vituperandus, a, um.

Blâmer. v. Vitupero, as, avi, atum, are. 1. *act.*

Blanc, blanche. adj. Albus, a, um.

Bleue, eue. adj. Cæruleus, a, um.

Boire. Bibo, is, i, itum, ere. 3. *act.*

Bois. Lignum, i. *n.*

Bon. Bonne. adj. Bonus, a, um.

Bonheur. Felicitas, atis. *f.*

Bonté. Bonitas, atis. *f.*

Boule. Globus, i. *m.*

Bourse. Crumena, æ. *f.*

Branche. Ramus, i. *m.*

Bras. Brachium, ii. *n.*

Brillant, ante. adj. Fulgens, entis.

Briller. v. Fulgeo, es, fulsi, fulgere. 2. *n.*

Brûler. v. Exuro, is, exussi, exustum, exurere. 3. *act.*

Buisson. Vepres, um. *f. pl.*

C

Cacher. v. Abscondo, is, i, itum, ere. 3. *act.*

Cachet. Sigillum, i. n.

Caïn. Caïnus, i. m.

Campagne. Rus, ruris. n.

Captif, ive. adj. Captivus, a, um.

Captivité. Captivitas, atis. f.

Car. conj. Nam.

Caractère. Indoles, is. f.

à Cause de. prép. Propter, avec l'acc.

Causer. v. Affero, affers, attuli, allatum, afferre. 3. *act.*

Caverne. Caverna, æ. f.

Ce, cette. pron. démonstr. Hic, hæc, hoc.

Céder. v. Cedo, is, cessi, cedere. 3. *act.*

Céleste. adj. Cœlestis, m. f. cœleste, n.

Cent. Centum. *nom de nomb.* - *Le centième.* Centesimus, a, um.

Cep. Vitis, is. f.

un Certain. Quidam, quædam, quoddam. *pron.*

César. Cesar, aris. m.

Cesser. v. Cesso, as, avi, atum, are. 1. *act.*

C'est pourquoi. conj. Idcircò.

Chagrin. Mœror, oris. m.

Chaîne. Catena, æ. f.

Chaleur. Æstus, ûs. m.

Chambre. Cubiculum, i. n.

Chameau. Camelus, i. m.

Champ. Ager, ri. m.

sur-le-Champ. adv. Confestim.

Changer. v. Muto, as, avi, atum, are. 1. *act.*

Chanter. v. Cano, is, cecini, canere. 3. *act.*

Chaque. Quisque, quæque, quodque. *pron.*

Charger. v. Onero, as, avi, atum, are. 1. *act.*

Chasse. Venatio, onis. f.

Chasser (mettre dehors). Ejicio, is, ejeci, ejectum, ejicere. 3. *act.*

Chasser (aller à la chasse). v. Venor, aris, venatus sum, venari. *dép.*

Chasteté. Castitas, atis. f.

Château. Castellum, i. n.

Châtier. v. Castigo, as, avi, atum, are. 1. *act.*

Châtiment. Pœna, æ. f

Cher, ère. adj. Carus, a, carum.

Chéri, ie. adj. Dilectus, a, um.

Chérir. v. Diligo, is, legi, lectum, legere. 3. *act.*

Cheval. Equus, i. m.

Chevreau. Hædus, i. m.

Chien. Canis, is. m.

Choisir. v. Eligo, is, elegi, electum, eligere. 3. *act.*

Ciel. Cœlum, i. n.

Cinquante. Quinquaginta. *nom de nomb.* - *Le cinquantième.* Quinquagesimus, a, um.

Cinquième. adj. de nomb. Quintus, a, um.

Citerne. Cisterna, æ. f.

Coffre. Arca, æ. f.

Colère. Ira, æ. f.

Colombe. Columba, æ. f.

Commandement. Præceptum, i. n.

Comme signifiant parceque, s'exprime par cùm, avec le subj. devant un imparfait.

Commettre. v. Patro, as, avi, atum, are. 1. *act.*

Compagnon. Socius, ii. m.

Compter. v. Numero, as, avi, atum, are. 1. *act.*

Concevoir. v. Concipio, is, concepi, ceptum, cipere. 3. *act.*

se Concilier. v. Concilio, as, avi, atum, are. 1. *act.* Ajoutez sibi.

Condamner. v. Condemno, as, avi, atum, are. 1. *act.*

Conduite. Agendi ratio, g. rationis.

Confiance. Fides, ei. *f.*

se Confier. Confido, is, confisus sum, confidere, *avec le datif.*

Connoître. v. Cognosco, is, cognovi, cognitum, cognoscere. 3. *act.*

Consentir. v. Consentio, is, consensi, sensum, sentire. 4. *avec le dat.*

Considérer. v. Considero, as, avi, atum, are. 1. *act.*

Constamment. adv. Constanter.

Consulter. v. Consulo, is, consului, sultum, consulere. 3. *avec le dat.*

Consumer. v. Consumo, is, consumpsi, sumptum, consumere, 3. *act.*

Continuer. v. Pergo, is, perrexi, perrectum, pergere. 3. *act.*

Contre. prép. Adversus *avec l'acc. ou* in *avec l'acc.*

Contrée. Regio, onis. *f.*

Corbeau. Corvus, i. *m.*

Corbeille. Canistrum, i. *n.*

Corps. Corpus, oris. *n.*

Corriger. v. Castigo, as, avi, atum, are. 1. *act.*

Corruption. Corruptio, g. onis. *f.*

Côte. Costa, æ. *f.*

a Côté de. prép. Propter *avec l'acc.*

Coucher. v. Recubo, as, avi, atum, are. 1. *n.*

Couler. v. Fluo, is, fluxi, fluxum, fluere. 3. *n.*

Couleur. Color, oris. *m.*

tout-à-Coup. adv. Subito.

Coupable. Nocens, entis. *adjec.*

Coupe. Scyphus, i. *m.*

Courage. Animus, i. *m.*

se Courber. v. Inclino, as, avi, atum, are. *ajoutez* se. 1. *act.*

Cours. Cursus, ûs. *m.*

Cousine. Consobrina, æ. *f.*

Couteau. Culter, ri. *m.*

Couvrir. v. Operio, is, operui, pertum, perire. 4. *act.*

Craindre. v. Timeo, es, uï, timere. 2. *act.*

Crainte. Timor, oris. *m.*

Créateur. Creator, oris. *m.*

Création. Creatio, onis. *f.*

Créature. Creatura, æ. *f.*

Créer. v. Creo, as, avi, creatum, creare. 1. *act.*

Creuser. v. Fodio, is, fodi, fossum, fodere. 3. *act.*

Crime. Crimen, inis. *n. ou* Flagitium, ii. *n.*

Croire. v. Credo, is, credidi, creditum, credere. 3. *act.*

Cruche. Urna, æ. *f.*

Cueillir. v. Colligo, is, collegi, lectum, colligere. 3. *act.*

Cultivateur. Agricola, æ. *m.*

Cultiver. v. Colo, is, colui, cultum, colere. 3. *act.*

Curiosité. Curiositas, atis. *f.*

D

*D*angereux, euse. adj. Periculosus, a, um.

Dans. prép. In *avec l'ablat.*
quand on est dans l'endroit : avec l'acc. dans tout autre cas. - Dans, (*après*) Post *avec l'acc.*

Danse. Saltatio, onis. *f.*

Danser. v. Salto, as, avi, atum, are. 1. *n.*

De, après un verbe, pouvant se tourner par que, s'exprime par ut *avec le subj.*

De, du, des marquent ordinairement le génit, en latin. - On l'exprime par e *ou* ex *avec l'abl. devant un nom de lieu, et par* a *ou* ab, *après un verbe passif latin.*

Décembre. December, ri. *m.*

De ce que (*parceque*). Quòd *avec le subj.*

Déchirer. v. Scindo, is, scidi, scissum, scindere. 3. *act.*

Défauts. Vitia, orum. *pl. neut.*

Défendu, ue. adj. Vetitus, a, um.

Déjà. adv. Jam.

sans Délai. adv. Sine morâ. Continuò.

Délivrer. v. Libero, as, avi, atum, are. 1. *act.*

Déluge. Diluvium, ii. *n.*

Demain. adv. Cras.

Demande, Postulatio, onis. *fém.*

Demander. v. Peto, is, petii, petitum, petere. 3. *act. La personne à laquelle on demande, se met à l'abl. avec* a *ou* ab.

Demeure. Sedes, is. *f. ou* commoratio, onis. *f.*

Demeurer. v. Remaneo, es, remansi, mansum, manere. 2. *n.*

Démon. Dæmon, onis. *n.*

Départ. Discessus, ûs. *m.*

Dépenser. v. Consumo, is, consumpsi, sumptum, sumere. 3. *act.*

être Dépourvu. v. Careo, es, carui, carere. 2. *n. abl.*

Depuis. prép. a *ou* ab.

Dernier, ère. adj. Nuper elapsus, a, um.

Désir. Cupido, inis. *f.*

Désirer. v. Cupio, is, ivi, cupere. 3. *act.*

Désormais. adv. Deinceps.

Descendre. v. Descendo, is, descendi, scensum, scendere. 3. *n.*

Descendre, (*faire descendre*). *v.* Demitto, is, demisi, missum, mittere. 3. *act.*

Désert, erte. adj. Desertus, a, um.

Destiné, ée. adj. Destinatus, a, um.

Destiner. v. Destino, as, avi, atum, are. 1. *act.*

Détourner. v. Deterreo, es, deterrui, territum, terrere. 2. *act.*

Détruire. v. Destruo, is, destruxi, destructum, destruere. 3. *act.*

Devenir. v. Fio, factus sum, fieri. *Irrég.*

Devin. Conjector, oris. *m.*

Devoir. Officium, ii. *n.*

Devoir. v. Debeo, es, ui, debitum, debere. 2. *act.*

Dévorer. v. Devoro, as, avi, atum, are. 1. *act.*

Dieu. Deus, i. *m.*

Différent, ente. adj. Diversus, a, um.

Dijon. Divio, onis. *f.*

Dire. v. Dico, is, dixi, dictum, dicere. 3. *act.*

Diriger. v. Dirigo, is, rexi, rectum, rigere. 3. *act.*

Discours. Oratio, onis. *f.*

Disette. Inopia, æ. *f.*

Distance. Distantia, æ. *f.*

Distinct, incte. adj. Distinctus, a, um.

Distingué, ée. adj. Præclarus, a, um.

Divers, erse. adj. Varius, a, um.

Divin, ine. adj. Divinus, a, um.

Dompter. v. Domo, as, avi, atum, are. 1. *act.*

Donner. v. Do, das, dedi, datum, are. 1. *act.*

Doré, ée. adj. Auratus, a, um.

D'où. adv. de lieu. Undè.

Douleur. Dolor, oris. *m.*

sans Doute. adv. Sine dubio.

Dressé, ée. Constitutus, a, um. *adj. ou* paratus, a, um.

Droit. Jus, juris. *n.*

Droit, droite. adj. Rectus, a, um.

Durant. prép. Per *avec l'acc.*

Durer. v. Duro, as, avi, atum, are. 1. *n.*

E

Eau. Aqua, æ. *f. ou* Unda, *gén.* æ. *f.*

Echanson. Pincerna, æ. *m.*

Echelle, Scala, æ. *f.*

Ecolier. Discipulus, i. *m.*

Ecouter. v. Audio, is, ivi, itum, ire. 4. *act.*

Ecraser. v. Contero, is, trivi, tritum, terere. 3.

s'Ecrier. v. Exclamo, as, avi, atum, are. 1. *act.*

en *Effet.* Reipsà.

Effrayant, ante. adj. Horrendus, a, um.

Egalement. adv. Pariter.

Egypte. Ægyptus, i. *m.*

Eleve. Discipulus, i. *m.*

Elevé, ée. adj. Altus, a, um. *comp.* Altior, *m. f.* altius, *n. superl.* Altissimiis, a, um.

Eliézer. Eliezer, eris. *m.*

Eloge. Laus, laudis. *f.*

Eloigné, ée. adj. Longinquus, a, um.

Eloigner. v. Amoveo, es, movi, motum, movere. 2. *act.*

Embarrassé, adj. Impeditus, a, um.

Embrasser. v. Amplexor, aris, atus sum, ari. 1. *dép.*

Embûches. Insidiæ, arum. *f.*

Emmener. v. Abduco, is, duxi, ductum, ducere. 3. *act.*

Emporter. Aufero, aufers, abstuli, ablatum, auferre.

En. prép. (voyez Dans).

Encore. adv. Adhuc.

Encore avec une négation, s'exprime par nondùm.

s'Endormir. v. Obdormio, is, ivi, itum, ire. 4. *n.*

Endroit. Locus, i. *m.*

Enfant. Puer, eri. *m.* - *les enfans.* Liberi, orum. *m.*

Enfanter. v. Pario, is, peperi, partum, parere. 3.

Enfer. Inferi, orum. *m. pl.*

Engager. v. Persuadeo, es, suasi, asum, suadere.

s'Ennuyer. v. Tædet, tæduit, tædere. *impers. gén.*

Enrichir. v. Dito, as, avi, atum, are. 1. *act.*

Ensuite. adv. Dein, deindè.

Entendre. v. Audio, is, ivi, itum, ire. 4. *act.*

Entier, ère. adj. Totus, a, um. *gén.* ius.

Entre. prép. Inter *avec l'ac.*

Entrée. Os, oris. *n.*

Entreprendre. v. Suscipio, is; cepi, ceptum, cipere. 3. *act.*

Entreprise. Consilium, ii. *n.*

Envers. prép. Erga *avec l'ac.*

Envie. Invidia, æ. *f.* - *Porter envie.* Invideo, es, i, invisum, videre. 2. *avec le dat.*

Envoyé. Nuntius, ii. *m.*

Epais, aisse. adj. Densus, a, um.

Epargner. v. Parco, is, peperci, parsum, parcere. 3. *avec le dat.*

Epée. Ensis, is. *f.*

Epine. Spina, æ. *f.*

Epi. Spica, æ. *f.*

Epouse. Uxor. oris. *f.*

Epouser. v. Uxorem duco, ducis, duxi, ductum, ducere. 3. *act.*

Eprouver. v. Tento, as, avi, atum, are. 1. *act.*

Errant, ante. adj. Vagus, a, um.

Esaü. Esaus, *gén.* Esau.

Esclave. Mancipium, ii. *n.*

Espace. Spatium, ii. *n.* *Dans l'espace de.* Intra, *avec l'acc.*

Espion. Explorator, oris. *masc.*

Esprit. Spiritus, ûs. *m.*

Et. conj. Et.

Etablir. v. Constituo, is, constitui, constitutum, constituere. 3. *act.*

Eté. Æstas, atis. *f.*

Eternité. Æternitas, atis. *f.*

Etoile. Stella, æ. *f.*

être Etonné. Miror, aris, atus sum, ari. *dép.*

Etonnement. Stupor, oris. *masc.*

Etouffer. v. Suffoco, as, avi, atum, are. 1. *act.*

Etre. v. Sum, es, fui, esse. *Quand ce verbe n'est pas à l'infinitif, il veut le nominatif avant et après lui.*

Etroit, oite. adj. Intimus, a, um.

Etude. Studium, ii. *n.*

Etudier. v. Studeo, es, uî, studere. 2. *avec le dat.*

Europe. Europa, æ. *f.*

Eve. Eva, æ. *f.*

Evénement. Eventus, ûs. *m.*

Evêque. Episcopus, i. *m.*

Eviter. v. Vito, as, avi, atum, are. 1. *act.*

Exaucer. v. Exaudio, is, ivi, itum, ire. 4. *act.*

Excellent, ente. adj. Eximius, a, um.

Exceller. v. Præsto, as, avi, atum, are. 1. *neut.*

Exciter. v. Excito, as, avi, atum, are. 1. *act.*

s'Excuser. v. Purgo, as, avi, atum, are. 1. *act.* *Ajoutez* se.

Exécuter. v. Exequor, eris, executus sum, exequi. *dép. acc.*

Exemple. Exemplum, i. *n.*

Exercice. Exercitium, ii. *n.*

Exhorter. v. Hortor, aris, atus sum, ari. *dép. acc.*

Exister. v. Existo, is, extiti, existere. 3. *neut.*

Exposé, ée. adj. Obnoxius, a, um.

Exposer. v. Expono, is, exposui, positum, ponere. 3. *act.*

Exprimer. v. Exprimo, is,

pressi, pressum, primere. 3. act.

Extraordinaire. adj. Insolitns, a, um.

Extrême. adj. Summus, a, um.

F

Fable. Fabula, æ. f.

Facile. adj. Facilis. m. f. facile. n.

Faim. Fames, is. f.

Faire. v. Facio, is, feci, factum, facere. 3. act.

être Fait. Fio, fis, factus sum, fieri.

Fameux, euse. adj. Famosus, a, um.

Famille. Familia, æ. f.

Famine. Fames, is. f.

Fatal, ale. adj. Fatalis. m. f. fatale. n.

Fatigue. Lassitudo, inis. f.

Fatigué, ée. adj. Defatigatus, a, um.

Faute. Culpa, æ. f.

Faux, fausse. adj. Falsus, a, um.

Favori. Familiaris, is. m.

Favoriser. v. Faveo, es, i, favere. n. avec le dat.

Feindre. v. Simulo, as, avi, atum, are. 1. act.

Féliciter. v. Congratulor, aris, atus sum, ari. dép. avec le dat.

Faveur. Gratia, æ. f.

Femme. Femina, æ. f.

Femme (épouse). Uxor, oris. f.

Fenêtre. Fenestra, æ. f.

Féroce. adj. Ferox, ocis.

Fertile. adj. Fertilis, is, e.

Fête. Festum, i. n.

Feu. Ignis, is. m.

Feuille. Folium, ii. n.

Figue. Ficus, ûs. f.

Figure. Species, ei. f.

Fille. Filia, æ. f.

jeune-Fille. Puella, æ.f.

Fils. Filius, ii. m.

Fin. Finis, is. m.

Fin, fine. adj. Tenuis, is, e.

Fixe. adj. Certus, a, um.

Fleur. Flos, oris. m.

Fleuve. Flumen, inis. n.

Foi. Fides, ei. f.

Foible. adj. Debilis, is, e.

Flotte. Classis, is. f.

Foin. Fenum, i. n.

une seconde Fois. Rursùm.

Force. Vis, vis. f.

Forêt. Sylva, æ. f.

Forme. Modus, i. m. —En forme de. In modum,

Former. v. Formo, as, avi, atum, are. 1. act. ou fingo, is, finxi, fictum, fingere. 3. act. - Former un projet. Ineo, is, ivi, itum, inire.

Fort, forte. adj. Fortis, is, forte.

Fosse. Fovea, æ. f.

Fournir. v. Suppedito, as, avi, atum, are. 1. act.

Frais, fraiche. Frigidus, a, um. adj.

France. Gallia, æ. f.

Frapper. v. Percutio, is, percussi, cussum, cutere. 3. act.

Frère. Frater, ris. m.

Front. Frons, frontis. m.

Fruit. Fructus, ûs. m.

Fuir. v. Fugio, is, i, itum, fugere. 3. act.

Furieux, euse. adj. Accensus, a, um. Ajoutez irâ.

Futur. adj. Futurus, a, um.

G

Gagner. v. Comparo, as, avi, atum, are. 1. act.

Gai, gaie. adj. Lætus, a, um.

Garder. v. Servo, as, avi, atum, are. 1. act. Ou Custodio, is, ivi, itum, ire. 4. act.

Gardien. Custos, odis. m.

Gémir. v. Gemo, is, ui, itum, ere. 3. n.

Gémissement. Gemitus, ùs. masc.

Général. Dux, ducis. m.

Général, ale. Universalis, m. f. e. n.

Génisse. Juvenca, æ. f.

Genre. Genus, eris. n.

Gentils. Gentiles, ium. m.

Gerbe. Manipulus, i. m.

Gibier. Venatus, ùs. m.

Glace. Glacies, ei. f.

Glaive. Gladius, ii. m.

Glisser. v. Illabor, eris, lapsus sum, illabi. dép.

Goûter. v. Degusto, as, avi, atum, are. 1. act.

Gouverner. v. Rego, is, rexi, rectum, regere. 3. act.

Grâce. Gratia, æ. f.

Grands. Magnates, um. m.

Grand, grande. adj. Magnus, a, um. Superl. maximus, a, um.

Grandeur. Magnitudo, inis. fém.

Grain. Frumentum, i. n.

Gras, grasse. adj. Pinguis, pinguis, pingue.

Grec, grecque. adj. Græcus, a, um.

Grêle. adj. Exilis, is, e.

Grenier. Horreum, i, n.

H

Habiter. v. Habito, as, avi, atum, are. 1. act. - Ou Incolo, is, ui, incultum, incolere. 3. act.

Haine. Odium, ii. n.

se Hâter. v. Festino, as, avi, atum, are. 1. n.

par Hazard. adv. Fortè.

Hébreu. Hebræus, i. m.

Heure. Hora, æ. f.

Heureux, euse. adj. Felix, icis.

Histoire. Historia, æ. f.

Hiver. Hiems, hiemis. f.

avoir Honte. Pudet, puduit, pudere. Impers.

Horreur. Horror, oris. m.

avoir Horreur. Horreo, es, ui, ere. 2. act.

Hospitalité. Hospitalitas, atis. f.

Huit. nom de nombre. Octo. - le huitième. Octavus, a, um.

Humain, aine. adj. Humanus, a, um.

I

Ignorer. v. Nescio, is, ii, itum, ire. 4. act.

Imiter. v. Imitor, aris, atus sum, ari. dép. avec l'acc.

Immoler. v. Immolo, as, avi, atum, are. 1. act.

Impétueux, euse. adj. Vehemens, entis. m.

Impie. adj. Impius, a, um.

il Importe. v. impers. Refert.

Inde. India, æ. f.

Indiquer. v. Indico, as, avi, atum, are. 1. act.

Infliger. v. Infligo, is, inflixi, flictum, fligere. 3. act.

s'Informer. v. Quæro, is, quæsivi, quæsitum, quærere. 3. act.

Infortuné, ée. adj. Infelix, icis.

Inimitié. Inimicitia, æ. f.

Innocence. Innocentia, æ. f.

Insolent, ente. adj. Arrogans, antis.

Intendant. Dispensator, oris. m.

Interdire. v. Interdico, is, dixi, dictum, dicere. 3. *avec l'abl.*

Interprétation. Interpretatio, onis. f.

Interpréter. v. Interpretor, aris, atus sum, ari, *dép. avec l'acc.*

Interrogation. Interrogatio, onis. f.

Interrompre. v. Intermitto, is, misi, missum, mittere. 3. act.

Introduire. v. Introduco, ducis, ductum, ducere. 3. act.

Inutile. adj. Inutilis, is, e.

Isaac. Isaacus, i. m.

J

Jacob. Jacobus, i. m.

Jardin. Hortus, i. m.

Jeter les yeux. Oculos conjicio, jeci, jectum, jicere. 3. act.

se Jeter. v. Conjicio, is, jeci, jectum, jicere. 3. act. ajoutez se.

Jeudi. dies, ei. f. *On ajoute* Jovis.

Jeune. Juvenis, is. adj. - Plus jeune. Junior, m. f, ius. n.

Jeune-homme. Adolescens, entis. m.

les Jeunes-gens. Adolescentes, ium. m. plur.

Jeunesse. Adolescentia, æ. fém.

Jésus. Jesus, gén. Jesu.

Joie. Lætitia, æ. f.

Joseph. Josephus, i. m.

Joue. Maxilla, æ. f.

Jouir. v. Fruor, eris, fruitus sum, frui. *dép. abl.*

Jour. Dies, ei. m. ou f. - Un jour. Quâdam die.

Journalier, ère. adj. Quotidianus, a, um.

Juger. v. Judico, as, avi, atum, are. 1. act.

Juif. Judæus, i. m.

Juin. Junius, ii. m.

Jusqu'à ce que. Donec.

Justifier. v. Comprobo, as, avi, atum, are. 1. act.

L

La. Ibi, *lorsqu'il n'y a pas de mouvement;* huc, *s'il y en a.*

Laban. Labanus, i. m.

Lâche. adj. Ignavus, a, um.

Lâcher. v. Immitto, is, misi, missum, mittere. 3. act.

Laine. Lana, æ. f.

Laisser. v. Relinquo, is, reliqui, lictum, linquere. 3. act.

Langue. Lingua, æ. f.

Large. adj. Latus, a, um. - Plus large. Latior. m. f. latius. n.

Leçon. Lectio, onis. f.

Larmes. Lacrymæ, arum. f. plur.

Léger, ère. Levis, is, e,

Lent, lente. adj. Lentus, a, um.

Lentille. Lens, lentis. n.

Lequel des deux. Uterque, utraque, utrumque.

Leur. pron. posses. Il s'exprime par suus, a, um, quand il se rapporte au nomin. du verbe ; sinon par eorum, earum, eorum.

se Lever. v. Surgo, is, surrexi, rectum, surgere. 3. neut.

Libérateur. Liberator, oris. masc.

Lier. v. Ligo, as, avi, atum, are. 1. act.

Lieu. Locus, i. m.

au Lieu de. Pro avec l'abl. ou loco avec le gén.

Lieue. Leuca, æ. f.

Lièvre. Lepus, oris. m.

Lire. v. Lego, is, legi, lectum, legere. 3. act.

Lit. Lectus, i. m. ou Cubile, is. n. - Lit d'une rivière. Alveus, i. m.

Livre. Liber, ri. m.

Livrer. v. Trado, is, tradidi, traditum, tradere. 3. act.

Loi. Lex, legis. f.

Londres. Londinum, i. n.

Long, longue. adj. Longus, a, um.

le Long. prép. Juxtà. acc.

Long - temps. adv. Diù. - plus long-temps. Diutiùs.

Lorsque. conj. Cùm avec le subjonctif devant un imparfait.

Lumière. Lux, lucis. f.

Lundi. Dies, ei. f. On ajoute lunæ.

L'un et l'autre. Uterque, utraque, utrumque.

Lune. Luna, æ. f.

Lyon. Lugdunum, i. n.

M

Mademoiselle. Virgo, inis. f.

Magistrat. Magistratus, ûs. masc.

Maintenant. adv. Nunc.

Maigre. adj. Macilentus, a, um.

Main. Manus, ûs. f.

Mais. conj. Sed.

Maison. Domus, ûs. f.

Maître. Herus, i. m.

Mal. Malum, i. n.

être Malade. v. Ægroto, as, avi, atum, are. 1. n.

Malheur. Calamitas, atis. fém.

Malheureux, euse. adj. Miser, era, erum.

Malice. Malitia, æ. f.

Manger. Comedo, is, i, comedere. 3. act.

Manquer. v. Careo, es, ui, carere. 2. avec l'abl.

Marchand. Mercator, oris. masc.

Mardi. Dies, ei. f. On ajoute Martis.

Mari. Conjux, ugis. m.

Marne. Matrona, æ. f.

Marquer. v. Designo, as, avi, atum, are. 1. act.

Marseille. Massilia, æ. f.

Maudire. v. Maledico, is, dixi, dictum, dicere. 3. avec le dat.

Méchant, ante. adj. Improbus, a, um.

Mêlé, ée. adj. Mixtus, a, mixtum.

Même. Ipse, a, um.

le Même. pron. Idem, eadem, idem.

Menaçant, ante. adj. Minax, acis.

Menaces. Minæ, arum. *f. pl.*

Menacer. v. Immineo, es, ui, ere. 2. *avec le dat.*

Mener. v. Duco, is, duxi, ductum, ducere. 3. *act.*

Mépriser. v. Contemno, is, contempsi, contemptum, contemnere. 3. *act.*

Mercredi. Dies, ei. *f. On ajoute* Mercurii.

Mère. Mater, tris. *f.*

Mériter. v. Mereor, eris, meritus sum, mereri. *avec l'acc.*

Merveilleux, euse. adj. Mirandus, a, um.

Mésopotamie. Mesopotamia, æ. *fém.*

Messager. Nuncius, ii. *m.*

Mets. Cibus, i. *m.*

Mettre à mort. Occido, is, occidi, occisum, occidere. 3. *act.*

Meurtrier. Interfector, oris. *masc.*

Mieux. adv. Melius.

Mil (millième). Millesimus, a, um. *nom de nombre. - Mille.* Mille. indécl. ou millia, ium. *avec gén.*

Milan. Mediolanum, i. *n.*

Misère. Miseria, æ. *f.*

Modestie. Modestia, æ. *f.*

Mois. Mensis, is. *m.*

Moissonner. v. Meto, is, messui, messum, metere. 3. *act.*

Monde. Mundus, i. *m.*

de tout le Monde. Omnium.

Monsieur. Dominus, i. *m.*

Montagne. Mons, ontis. *m.*

Monter. v. Ascendo, is, i, ascensum, ascendere. 3. *neut.*

Mort. Mors, mortis. *f.*

Mourir. v. Morior, eris, mortuus sum, mori, *dép.*

Moyen. Modus, i. *m.*

Muet, ette. adj. Mutus, a, mutum.

Mûr, mûre. adj. Maturus, a, um.

Musique. Musice, es. *f.*

N

Naitre. v. Nascor, eris, natus sum, nasci. *dép.*

Naufrage. Naufragium, ii. *neut.*

Ne, ne pas. nég. Non.

Nécessaire. adj. Necessarius, a, um.

Négligence. Negligentia, æ. *fém.*

Négliger. v. Negligo, is, neglexi, neglectum, negligere. 2. *act.*

de Neige. Niveus, a, um.

Neuf. nom de nombre. Novem. - *Le neuvième.* Nonus, a, um.

Nil. Nilus, i. *m.*

Noé. Noemus, i. *m.*

Noir, re. adj. Niger, ra rum.

Nom. Nomen, inis. *n.*

Nombreux, euse. adj. Numerosus, a, um.

Nouveau, nouvelle. adj. Novus, a, um.

Nuire. v. Noceo, es, nocui, nocitum, nocere. 2. *avec le dat.*

Nuisible. adj. Noxius, a, noxium.

Nuit. Nox, noctis. *f.*

O

Obéir. v. Pareo, es, ui, parere. 2. *n.*

Objet. Res, rei. *f.*

Obliger. v. Cogo, is, coegi,

coactum, cogere. 3. act.

Occasion. Occasio, onis. f.

Occuper. v. Invado, is, invasi, invasum, invadere. 3. act.

s'occuper. v. Curam habeo, es, ui, itum, ere.

Odeur. Odor, oris. m.

Officier. Minister, ri. m.

Offrir. v. Offero, offers, obtuli, oblatum, offerre. 3. act.

Oiseau. Avis, is. f.

Oisif, sive. adj. Otiosus, a, um.

Oisiveté. Otiositas, atis. f.

Oncle. Avunculus, i. m.

Onze. nom de nombre. Undecim. - Le onzième. Undecimus, a, um.

s'Opposer. v. Obsisto, is, obstiti, stitum, obsistere. 3. avec le dat.

Or. conj. Porrò.

Oracle. Oraculum, i. n.

Ordinairement. adv. Plerumquè

Ordre. Mandatum, i. n.

Ornement. Ornatus, ûs. m.

Où. adv. de lieu. Ubi, lorsqu'il n'y a pas de mouvement ; quò, s'il y en a.

Oublier. v. Obliviscor, eris, oblitus sum, oblivisci. dép. avec le gén. ou l'acc.

Ouvrage. Opus, eris. n.

Ouvrier. Opifex, icis. m.

P

Paille. Palea, æ. f.

Pain. Panis, is. m.

Paître. v. Pascor, eris, pastus sum, pasci. dép. avec l'acc.

Palais. Aula, æ. f.

Panetier. Pistor, oris. m.

Par. prép. A devant une consonne, par ab devant une voyelle. Elle régit l'abl. On peut encore l'exprimer par per avec l'acc.

Paradis. Paradisus, i. m.

Parce que. conj. Quia.

Parent. Parens, entis. m.

Parent, ente, adj. Cognatus, a, um.

Parfaitement. adv. Perfectè.

Par là (par cela). Indè.

Pareil, eille. adj. Talis, is. e.

Parmi. prép. Inter avec l'acc.

Paroître (sembler). v. Videor, eris, visus sum, videri. dép. - (Apparoître. Appareo, es, ui, apparere. 2. n.

Parole. Verbum, i. n.

Part. Pars, partis. f.

Partager. v. Divido, is, divisi, visum, videre. 3. act.

Partir. v. Proficiscor, eris, profectus sum, proficisci. 3. dép.

Pas. Gressus, ûs. m.

Passer. v. Transeo, is, ivi, itum, ire. n. - Passer la nuit. Pernocto, as, avi, atum, are. 1. n.

Paternel, elle. adj. Paternus, a, um.

Patiemment. adv. Patienter.

Patience. Patientia, æ. f.

Patriarche. Patriarcha, æ. masc.

Patrie. Patria, æ. f.

Pâturage. Pastus, ûs. m.

Paul. Paulus, i. m.

Pays. Regio, onis. f.

Péché. Peccatum, i. n.

Pécher. v. Pecco, as, avi, atum, are. 1. n.

Peine (châtiment). Pœna, æ. f.

Avec peine. Ægrè.

Peintre. Pictor , oris. *m.*

Pendant, prép. Per *av. l'acc.*

Pendant que. Dùm.

Perdre. v. Amitto , is , amisi , missum , mittere. 3 *act.*

Père. Pater , patris. *m.*

Périr. v. Pereo , is , ii , ire.

Personne (homme). Homo, inis. *m.*

Personne, avec une négation. Nemo , inis. *m.*

Peste. Pestis, is. *f.*

Peu , exprimant quelque, Pauci , æ , a.

Peuple. Populus , i. *m.*

Pharaon. Pharao , onis. *m,*

Philosophe. Philosophus , i, *masc.*

Pied. Pes., pedis. *m.*

Pierre, nom d'homme. Petrus , i. *m.*

Pieux , euse. adj. Pius , a , pium.

Placer. v. Pono , is , posui, positum , ponere. 3. *act.*

Plaine. Planities , ei. *f.*

Place. Gradus , ûs. *m.*

se Plaire. v. Delector , aris, atus snm , ari. *dép. avec l'abl.*

Plaisir. Voluptas , atis. *f.*

Plante. Planta, æ. *f.*

Plat. Pulmentum , i. *n.*

Plein , pleine. adj. Plenus , a , um.

Pleurer. v. Fleo , es , evi, fletum , flere. 2. *n.*

Pluie. Pluvia, æ. *f.*

Plus exprimant davantage se rend par plus, amplius. *Devant un adj. par* magis. - *Plus répété dans deux différens membres de phrases , se rend le premier par* quò, *et le se-*

cond par eò , *avec le comparatif.*

Plusieurs. Plures. *m. f.* plura. *neut.*

Plûtôt. adv. Potiùs.

Poison. Venenum., i. *n.*

Poisson. Piscis., is. *m.*

Port. Portus , ûs. *m.*

Porte. Janua, æ. *f.*

Porter. v. Fero, fers, tuli, latum , ferre. *act.*

Porter (exciter). v. Moveo, es , i, movere. 2. *act.*

Portrait. Effigies , ei. *f.*

Possession. Possessio , onis. *fém.*

Postérité. , Posteritas , atis. *fém.*

Pour. prép. Pro *avec l'abl,* Quelquefois on supprime cette prép. en latin , et l'on met le datif. - *Pour devant le présent de l'infinitif ,* s'exprime par ad *avec le gérondif en* dum , *ou par* ut *avec le subj.*

Pour (à cause de). Propter *avec l'acc.*

Pourquoi. conj. Cur.

Pousser (parlant des fleurs) v. Profero, fers, tuli, latum , ferre. *act.*

Pouvoir. v. Possum, potes, potui, posse. *irrég.*

Pratiquer. v. Colo , is , colui, cultum , colere. 3. *act.*

Précieux , euse. adj. Pretiosus , a , um.

Prédire. v. Prædico , dicis, dixi, dictum , dicere. *act.*

Préférer. v. Antepono , is , posui, positum, ponere. 3. *act.*

Premier , ère. adj. de nombre. Primus , a , um. *lorsqu'on ne parle que de deux personnes ou de deux cho-*

ses ,

-ses, *le premier s'exprime par* prior.

Premier-né. Primogenitus, i. *masc.*

Prendre. v. Sumo, is, sumpsi, sumptum, sumere. 3. *act.*

Préparatif. Apparatus, ûs. *masc.*

Préparer. v. Præparo, as, avi, atum, are. 1. *act.*

Présager. v. Portendo, is, tendi, tentum, tendere. 3. *act.*

Prescrire. v. Præscribo, is, scripsi, scriptum, scribere. 3. *act.*

Présent. Munus, eris. *n.*

Présenter. v. Offero, offers, obtuli, oblatum, offerre. 3. *act.*

Président. Præses, idis. *m.*

Presque. adv. Ferè.

Presser. v. Premo, is, pressi, pressum, premere. 3. *act.*

Prêter. v. Commodo, as, avi, atum, are. 1. *act.*

Prévenir. v. Prævenio, is, veni, ventum, venire.

Prier. v. Rogo, as, avi, atum, are. 1. *act.*

Prince. Princeps, cipis. *m.*

Prison. Carcer, eris. *m.*

Prochain, aine. adj. Proximus, a, um.

Produire. v. Produco, is, duxi, ductum, ducere. 3. *act.*

Profond, de. adj. Profundus, a, um.

Proie. Præda, æ. *f.*

Projet. Consilium, ii. *n.*

Promenade. Ambulatio, g. onis. *f.*

Promesse. Pollicitatio, onis. *fém.*

Promettre. v. Promitto, is, misi, missum, mittere. 3. *act.*

Prospérer. v. Benè succedo, is, i, cessum, cedere. 3.

se Prosterner. v. Projicio, is, jeci, jectnm, jicere. 3. *act. Ajoutez* se.

Protée. Proteus, i. *m.*

Provence. Provincia, æ. *f.*

Providence. Providentia, æ. *fém.*

Prudent, ente. adj. Prudens, entis.

Puiser. v. Haurio, is, hausi, haustum, haurire. 4. *avec l'accusat.*

Puisque. Cùm *avec le subj.*

Puissant, ante. adj. Potens, entis.

Putiphar. Putiphar, aris. *masc.*

Puits. Puteus, i. *m.*

Q

Quand. adv. Quandò.

Quarante. nom de nombre. Quadraginta. *Le quarantième.* Quadragesimus, a, um.

Quatre. nom de nombre invariable. Quatuor. - *Le quatrième. adj.* Quartus, a, um.

Que. conj. s'exprime par ut *avec le subjonctif, après les verbes* prier, demander, *etc.*

Que relatif est toujours le régime du verbe qui suit, et quand il y a deux verbes de suite, il est le régime du dernier.

Quel, quelle. pron. Quinam, quænam, quodnam.

Quelque devant un nom de

choses qui se comptent,
s'exprime par aliquot.

Qui. pronóm rel. Qui, quæ,
quod.

Qui interrog. Quis, quæ,
quod.

Quitter. v. Depono, is, posui, positum, ponere. 3.
act.

R

*R*ace. Genus, eris. *n.*

Rachel. Rachel, elis. *f.*

Raconter. v. Enarro, as,
avi, atum, are. 1. *act.*

Raisin. Uva, æ. *f.*

Rameau. Ramus, i. *m.*

Rapide. adj. Rapidus, a,
um. *compar.* Rapidior.

Rapproché, ée. adj. Propin-
quus, a, um .compar. Pro-
pinquior. m. f. ius. n.

Rare. adj. Rarus, a, um.

Rassuré, ée. adj. Confirma-
tus, a, um.

Rat. Mus, muris. *m.*

Ravager. v. Vasto, as, avi,
atum, are. 1. *act.*

Rebecca. Rebecca, æ. *f.*

Rebelle. adj. Rebellis, is, e.

Rébellion. Rebellio, onis. f.

Recevoir. v. Accipio, is,
cepi, ceptum, accipere.
3. *act. La personne de*
qui on reçoit, se met à
l'ablatif avec a ou ab.

Récompense. Merces, edis.
fém.

Récompenser. v. Remunero,
as, avi, atum, are. 1. *act.*

Reconduire. v. Reduco, is,
duxi, ductum, ducere.
3. *act.*

Reconnoissance. Gratus animus, grati animi. *m.*

Reconnoitre. v. Agnosco, is,

agnovi, agnitum, agnos-
cere. 3. *act.*

Recueillir. v. Colligo, is,
legi, lectum, ligere. *act.*

Redouter. v. Pertimesco,
is, timui, timescere. 3.
act.

Regard (présence). Conspectus, ûs. *m.*

Regarder pour. Habeo, es,
habui, habitum, habere.
3. *act.*

Regorger. v. Redundo,
as, avi, atum, are. 1. *n.*
avec l'ablatif.

Régner. v. Regno, as, avi,
atum, are. 1. *n.*

Remercier. v. Gratias ago,
agis, egi, actum, agere.
avec le dat. de la personne
que l'on remercie.

Remords. Stimulus, i. *m.*

Remplir. v. Repleo, es, evi,
etum, ere. 2. *act.*

Renard. Vulpes, is. *f.*

Rencontrer. v. Occurro, is,
curri, cursum, currere.
3. *n.*

se *Rendre (aller en quelque*
endroit) Contendo, is,
tendi, tentum, tendere.
avec in.

se *Renfermer. v.* Includo,
is, clusi, clusum, clu-
dere. 3 *act. Ajoutez* se.

Renouveler. v. Renovo, as,
avi, atum, are. 1. *act.*

Rentrer en grâce. In gratiam restituor, eris, res-
titutus sum, restitui.

se *Repaitre. v.* Pascor, eris,
pastus sum, pasci. *abl.*

Renverser. v. Everto, is, i,
eversum, evertere. 3. *act.*

Repas. Convivium, ii. *n.*

se *Repentir. v. impers.* Pœnitet, pœnituit, pœni-

tere, *avec le génitif.*

Répéter. v. Itero, as, avi, atum, are. 1. *act.*

Répondre. v. Respondeo, es, i, sum, ere. 2. *n.*

se *Reposer. v.* Requiesco, is, quievi, quietum, requiescere. 3. *n.*

Reproche. Objurgatio, onis. *fém.*

Résoudre. v. Decerno, is, decrevi, cretum, cernere. 3. *act.*

Ressemblance. Similitudo, inis. *fém.*

Ressembler. v. Similis sum, es, fui, esse.

Ressentiment. Ira, æ. *fém.*

Ressentir. v. Sentio, is, ii, sentitum, sentire. 4. *act.*

Rester. v. Remaneo, es, remansi, mansum, manere. 2. *n.*

Rétablir. v. Restituo, is, i, restitutum, restituere. 3. *actif.*

Retard. Mora, æ. *f.*

Retenir. v. Retineo, es, ui, tentum, tinere. 2. *act.*

se *Retirer. v.* Discedo, is, cessi, cessum, cedere. 3. *n.*

Retourner. v. Redeo, is, ii, reditum, redire. 4. *n.*

Retour. Reditus, ûs. *m.*

Retracter. v. Retracto, as, avi, atum, are. 1. *act.*

Réunir. v. Colligo, is, legi, lectum, ligere. 3. *act.*

Réunir (*parlant d'amis*). *v.* Jungo, is, junxi, junctum, jungere. 3. *act.*

Réussir. v. Benè succedo, is, cessi, cessum, cedere. 3. *n.*

Revenir. v. Redeo, is, ii, reditum, redire.

Rêver. v. Somnio, as, avi, atum, are. 1. *n.*

Revoir. v. Reviso, is, i, revisum, revisere. 3. *act.*

Rhône. Rhodanus, i. *m.*

Répudier. v. Repudio, as, avi, atum, are. 1. *act.*

Rigoureux, euse. adj. Asper, era, erum.

Rivage. Littus oris. *n.*

Rivière. Fluvius, ii. *m.*

Robe. Tunica, æ. *f.*

Roi. Rex, regis. *m.*

Romain, aine. adj. Romanus, a, um.

Rose. Rosa, æ. *f.*

Rosée. Ros, roris. *m.*

Rossignol. Lucinia, æ. *f.*

Route. Iter, itineris. *n.*

Royaume. Regnum, i. *n.*

Ruben. Ruben. *indécl.*

Rusé, ée. adj. Callidus, a, um. *comp.* callidior, *m. f.* ius. *n. superl.* callidissimus, a, um.

S

Sac. Saccus, i. *m.*

Sacrifice. Sacrificium, ii. *n.*

Sage. adj. Sapiens, entis.

Saint, sainte. adj. Sanctus, a, um.

Saisir. v. Arripio, is, ui, arreptum, arripere. 3. *act.*

Saison. Tempestas, atis. *f.*

Samedi. Dies, ei. *fém.* On *ajoute* Sabbati.

Sang. Sanguis, inis. *m.*

Saône. Arar, araris. *n.*

Sara. Sara, æ. *f.*

Satellite. Satelles, itis. *m.*

Satisfaire. v. Satisfacio, is, feci, factum, facere. 3. *avec le datif.*

Satisfait, faite. adj. Contentus, a, um. *avec le gén. ou l'ablatif.*

Sauver. v. Salvo, as, avi,

...atum , are. 1. act.

Sauveur. Salvator, oris. m.

Savant, ante. adj. Doctus, a, um. Plus savant. Doctior. m. f. ius. n.

Savoir. v. Scio, scis, scivi, scitum, scire. 4. act.

Science. Scientia, æ. f.

Se, soi. pron. pers. Suî, sibi.

Second, de. adj. Secundus, a, um. Ne parlant que de deux, posterior, ius.

Secourir, v. Succurro, is, i, cursum, currere. 3. dat.

Séduire. v. Seduco, is, xi, ductum, ducere. 3. act.

Seigneur. Dominus, i. m.

Séjour. Sedes, is. f.

Sem. Semus, i. m.

Semblable. adj. Similis. m. f. e. n.

Sembler. v. Videor, eris, visus sum, videri.

Séparation. Separatio, onis. fém.

Sept. nom de nombre. Septem. Septième. Septimus, a, um.

Serpent. Serpens, entis. m.

Servir. v. Servio, is, ii, ire. 4. avec le dat.

se Servir. v. Utor, uteris, usus sum, uti. dép. abl.

Serviteur. Servus, i. m.

Seul, seule. Solus, a, um. - Un seul. Unus, a, um. gén. ius.

Sévère. adj. Severus, a, um.

Sévèrement. adv. Severe.

Si. conj. Si avec le subj. devant un temps passé, ou lorsqu'il marque une condition.

Signifier. v. Significo, as, avi, atum, are. 1. act.

Siméon. Simeon, onis. m.

Sincère. adj. Sincerus, a, um.

Sire. Rex, regis. m.

Six. nom de nombre. Sex. sixième. Sextus, a, um.

Six-centième. Sexcentesimus, a, um.

Société. Societas, atis. f.

Sœur. Soror, oris. f.

Soif. Sitis, is. f.

Soin. Cura, æ. f.

avoir Soin. Curam habeo, es, ui, habitum, habere.

du Soir. adj. Vespertinus, a, um.

Soldat. Miles, itis. m.

Soleil. Sol, solis. m.

Solliciter. v. Incito, as, avi, atum, are. 1. act.

Somme. Pretium, ii. n.

Sommet. Vertex, icis. m.

Son, sa, ses. pron. possessif. Il s'exprime par Suus, sua, suum, quand il se rapporte au sujet du verb.

Songe. Somnium, ii. n.

Songer. v. Cogito, as, avi, atum, are. 1. act.

Sorte. Genus, eris. n.

Sortir. v. Egredior, eris, egressus sum, egredi.

se Soumettre. v. Subjicio, jicis, jeci, jectum, jicere. 3. act. Ajoutez se.

Soumis, soumise. adj. Subjectus, a, um.

se Souvenir. v. Memini, meminisse. gén. ou acc.

Source. Origo, inis. f.

Statue. Statua, æ. f.

Stérile. adj. Sterilis, is, e.

Subsistance. Vita, æ. f.

Suc. Succus, i. m.

Suivant, ante. adj. Sequens, entis.

Suivre. v. Sequor, eris, secutus sum, sequi. dép.

Superbe. adj. Superbus, a, superbum.

Sur. prép. Super, *avec l'acc.* et quelquefois *l'abl.*

Surpasser. v. Supero , as , avi , atum , are. 1. *act.*

Survivre. v. Supersum , superes , superfui , superesse.

T

Table. Mensa , æ. *f.*

Tableau. Tabella, æ. *f.*

Tandis que. adv. Dùm.

Tante. Amita , æ. *f.*

Taureau. Taurus , i. *m.*

Teint, teinte. adj. Tinctus, a, um.

Tel , telle. Talis , is , e.

Témoignage. Testimonium, *gén.* ii. *n.*

Temple. Templum , i. *n.*

Temps. Tempus , oris. *n.*

Tente. Tabernaculum , i.

Terre. Terra , æ. *f.*

Terrestre. adj. Terrestris , terrestris , terrestre.

Terrible. adj. Terribilis , terribilis , terribile.

Tête. Caput , itis. *n.*

Tige. Palmes , itis. *m.*

Timide. adj. Timidus , a, timidum.

Tirer. v. Educo, is, eduxi, ductum, ducere. 3. *act.*

Titre. Titulus , i. *m.*

Tombeau. Sepulcrum , i. *n.*

Tomber. v. Cado, is, cecidi, casum, cadere. 3. *n.*

Ton. Vox , vocis. *f.*

Tonnerre. Tonitru, *gén.* tonitru. *n.*

Toucher. v. Tango , is , tetigi , tactum , tangere. 3.

Toujours. adv. Semper.

Tout, toute. Omnis , is , e. *ou* Cunctus , a, um.

Tout entier. Totus , a , um. *gén.* totius.

Toutefois. conjonct. Nihilominùs.

Travail. Labor , oris. *m.*

Très. Maximè.

Trente. nom de nombre. Triginta.

Tribunal. Tribunal , alis. *n.*

Triompher. v. Supero , as , avi , atum , are. 1. *act.*

Triste. adj. Tristis , is , e.

Trois , nom de nombre. Tres. *m. f.* Tria. *n. - Troisième.* Tertius , a , um.

Tromper. v. Fallo , is , fefelli , fallere. *act.*

Troupeau. Grex , gregis. *m.*

Tyran. Tyrannus , i. *m.*

U

Un , une. nom de nombre. Unus , a , um. *gén.* ius.

Union. Vinculum , i. *n.*

Utile. adj. Utilis , is , e.

V

Vache. Vacca , æ. *f.*

Vainqueur. Victor , oris. *m.*

Vallon. Vallès , is. *f.*

Vase. Vas , vasis. *n.*

Vendanges. Vindemiæ , *g.* arum. *f. plur.*

Vendre. v. Vendo , is , didi, venditum, dere. 3. *act.*

Vengeance. Vindicta , æ. *f.*

Venimeux , euse. adj. Venenosus , a , um.

Venir. v. Venio , is , i , ventum , venire. *n. Venir* , (*parlant des fleurs*). Succresco, is , crevi, crescere. 3. *neut.*

Vérité. Veritas , atis. *f.*

Vers. Versus , ûs. *m.*

Vers. prép. Versùs. *acc.*

Vers s'exprime encore par ad avec l'acc.

Vert, verte. adj. Viridis, viridis, viride.

Vertu. Virtus, utis. f.

Vertueux, euse. adj. præditus, a, um. *Ajoutez* virtute.

Vent. Ventus, i. m.

Vestibule. Atrium, ii. n.

Victime. Victima, æ. f.

Vie. Vita, æ. f.

Vieux, vieille. adj. Senex, senis. - *devenir vieux.* Senesco, is, senui, senescere. 3. neut.

Vigne. Vitis, is. f.

Ville. Urbs, urbis. f.

Vin. Vinum, i. n.

Vingt. nom de nombre. Viginti. - *Le vingtième.* Vigesimus, a, um.

Violer. v. Violo, as, avi, atum, are. 1. act.

Vision. Visio, onis. f.

Visiter. v. Visito, as, avi, atum, are. 1. act.

Vivres. Cibaria, orum. n. pl.

Voilà, interrogation. Ecce.

Voir. v. Video, es, i, sum, videre. 2. act.

Voisin, ine. adj. Vicinus, a, um.

Voix. Vox, vocis. f.

Voleur. Latro, onis. m.

Volonté. Voluntas, atis. f.

Votre (quand on parle à une seule personne), Tuus, a, um. (*Quand on parle à plusieurs personnes*). Vester, ra, rum.

Vouloir. v. Volo, vis, volui, velle acc. - *Ne vouloir pas.* Nolo, non vis, nolui, nolle.

Vous, toi. pron. pers. Tu, gén. tui.

Voyage. Iter, itineris. n.

Voyageur. Viator, oris. m.

Vue. Visus, ûs. m.

Vuide. adj. Vacuus, a, vacuum.

Y

Y *s'exprime en latin par* Ibi *à la question* Ubi, *par* hùc, *à la question* Quò, *par* hâc *à la question* Quà.

DICTIONNAIRE

DES

VERSIONS.

A

A, Ab. prép. *De , par, dès.*

Abduco, is, xi , ctum , ere. *Emmener , détourner.*

Abel, elis, m. *Abel.*

Abeo, is, ii ou ivi, itum, ire. *S'en aller, se retirer, retourner.*

Abjicio, is, jeci, jectum , jicere. *Jeter.*

Abrahamus, i. *Abraham.*

Abscondo , is, di, ditum , ere. *Cacher.*

Absumo, is, sumpsi, sumptum , ere. *Détruire.*

Accedo , is, essi, essum , ere. *S'approcher de , se joindre à.*

Accendo, is, di, sum, ere. *Allumer.*

Accido , is , ere. *Arriver.*

Accuso, as, avi, atum, are. *Accuser.*

Acriter. adv. *Vivement.*

Ad. prép. *A, au, vers, devant, auprès, pour, jusqu'à.*

Adamus, i, m. *Adam.*

Adaquo, as, avi, atum, are. *Abreuver.*

Addico, is, xi, ctum, ere. *Livrer à.*

Addo, is, didi, ditum, ere. *Ajouter.*

Adduco, is, xi, ctum, ere. *Amener.*

Adhibeo, es, bui, bitum, ere. *Employer, avoir.* Fidem. *Ajouter foi.*

Adhuc. adv. *Encore, jusqu'à présent.*

Acutus, a, um, *Aigu.*

Adimo, is, emi, ademptum, ere. *Oter.*

Adipiscor, eris , deptum, sci. *Acquérir , parvenir à.*

Aditus, ûs. m. *Entrée, accès.*

Administro, as , avi , atum , are. *Gouverner.*

Admitto, is, si, issum, ere. *Commettre.*

Admoneo, es, nui, nitum, ere. *Avertir.*

Adolescens , entis. *Jeune homme.*

Adolescentia , æ. *Jeunesse.*

Adolesco, is, evi, dultum, ere. *Croître , devenir grand.*

Adoro, as, avi, atum, are. *Adorer.*

Adsto, as, stiti, stare. *Etre debout, être présent, se présenter.*

Adsum, es, fui, esse. *Etre présent.*

Adulatio , onis. f. *Flatterie.*

E 4

Adulator, oris. m. *Flatteur.*

Advenio, is, eni, entum, ire. *Arriver.*

Adventus, ûs. m. *Arrivée.*

Adversus, a, um, adj. *Fâcheux, contraire.* Ex adverso. *De l'autre côté.*

Advolo, as, avi, atum, are. *Courir vers.*

Ægrè. adv. *Avec peine.*

Ægroto, as, avi, atum, are. *Être malade.*

Ægrotus, a, um. *Malade.*

Ægyptius, a, um. adj. *Égyptien, d'Egypte.*

Ægyptus, i. f. *Egypte.*

Æquo, as, avi, atum, are. *Egaler.* Solo æquare. *Raser.*

Æquus, qua, quum. adj. *Egal.* Æquo animo. *Tranquillement.*

Aer, eris. m. *Air.*

Afferro, fers, attuli, allatum, ferre. *Apporter.*

Afficio, is, eci, ectum, ere. *Affecter, faire souffrir, accabler.*

Affigo, is, xi, xum, ere. *Attacher.*

Affluo, is, xi, xum, ere. *Couler; être comblé de.*

Africa, æ. f. *Afrique.*

Agar, aris. f. *Agar.*

Ager, gri. m. *Champ, campagne.*

Agnosco, is, ovi, nitum, ere. *Reconnoître.*

Ago, is, egi, actum. *Faire, agir, passer.* Gratias agere. *Rendre grâces.*

Age. *Courage, venez.*

Aggredior, eris, essus sum, edi. *Attaquer.*

Agnus, i. *Agneau.*

Agricola, æ. m. *Laboureur.*

Aio, ais, ait. *Dis-je, dites-vous, dit-il.*

Albesco, is, albui, albescere. *Devenir blanc.*

Albus, a, um. adj. *Blanc.*

Alexander, dri. m. *Alexandre.*

Alienus, a, um. adj. *Etranger, loin.*

Aliquando. adv. *Quelquefois, un jour.*

Alius, a, ud. pron. *Autre, différent.* Alii alio. *Les uns d'un côté, les autres de l'autre.*

Alligo, as, avi, atum, are. *Lier, attacher.*

Alo, is, lui, litum, ere. *Nourrir.*

Altare, is. n. *Autel.*

Alter, a, um. adj. *Autre, autrui.* Alter.. alter. *L'un l'autre.*

Altus, a, um. adj. *Haut, élevé.*

Alveus, m. *Lit de la mer, ou d'une rivière.*

Ambitio, onis. f. *Ambition.*

Ambo, æ, o. adj. pl. *Deux, tous deux.*

Amicè. adv. *Avec amitié.*

Amicitia, æ. f. *Amitié, liaison.*

Amita, æ. f. *Tante.*

Amitto, is, isi, issum, ere. *Perdre.*

Amo, as, avi, atum, are. *Aimer.*

Amœnus, a, um. adj. *Agréable.*

Amoveo, es, ovi, otum, ere. *Oter.*

Amplus, a, um. adj. *Considérable, spacieux.*

An. conj. *Si.*

Angelus, i. m. *Ange.*

Ango, is, xi, ere. *Presser, inquiéter.*

Anima, æ. f. *Ame.*

Animadverto, is, ti, sum, ere. *Remarquer.*

Animal, alis. n. *Animal.*

Animans, antis. n. *Animal.*

Animus, i. m. *Esprit, cœur, courage, intention.*

Annona, æ. f. *Vivres.*

Annulus, i. m. *Anneau.*

Annuo, is, nui, ere. *Consentir.*

Annus, i. m. *An, année.*

Antepono, is, osui, situm, ere. *Préférer.*

Antequàm. conj. *Avant que.*

Antiochus, i. m. *Antiochus.*

Antiquus, a, um. adj. *Ancien.*

Anxietas, atis. f. *Anxiété.*

Aperio, is, rui, rtum, ire. *Ouvrir, déclarer.*

Appello, as, avi, atum, are. *Nommer.*

Appono, is, osui, situm, ere. *Servir.*

Apprecor, aris, atus, ari. *Souhaiter, prier.*

Apprehendo, is, di, sum, ere. *Saisir, prendre.*

Appropinquo, as, avi, atum, are. *Approcher.*

Apto, as, avi, atum, are. *Ajuster.*

Apud. prép. *Chez, auprès.*

Aqua, æ. f. *Eau.*

Ara, æ. f. *Autel.*

Arbor, oris. f. *Arbre.*

Arca, æ. f. *Arche.*

Arcesso, is, ivi, itum, ire. *Faire venir, mander, appeler.*

Arcus, ûs. m. *Arc.*

Ardens, entis. part. *Enflammé, embrâsé.*

Argenteus, a, um. adj. *D'argent.*

Arguo, is, ui, utum, ere. *Blâmer, reprocher, accuser.*

Aries, etis, m. *Bélier.*

Arma, orum. pl. n. *Armes.*

Armilla, æ. f. *Bracelet.*

Aroma, atis. n. *Aromate, parfum.*

Arripio, is, pui, reptum, ere. *Saisir.*

Ascendo, is, di, sum, ere. *Monter.*

Asia, æ. f. *Asie.*

Aspectus, ûs. m. *Vue, regard.*

Aspicio, is, pexi, pectum, ere. *Regarder.*

Assentior, iris, ensus, iri. *Consentir, écouter.*

Assequor, eris, cutus, qui. *Atteindre.*

Assiduitas, atis, f. *Assiduité.*

Asto. *voy.* Adsto.

Astra, orum. n. pl. *Astres.*

At. conj. *Mais.*

Athenæ, arum. f. pl. *Athènes.*

Attamen. adv. *Cependant.*

Attentus, a, um. adj. *Attentif.*

Attrecto, as, avi, atum, are. *Manier, toucher.*

Audax, acis. adj. *Audacieux, hardi.*

Audeo, es, ausus sum; ere. *Oser.*

Audio, is, ivi, itum, ire. *Entendre, apprendre.*

Augeo, es, xi, ctum, ere. *Augmenter, multiplier, combler.*

Augustus, i. m. *Août.*

Aureus, a, um. adj. *D'or.*

Auris, is. f. *Oreille.*

L 5

Ausim. *voy.* Audeo. Non ausim. *Je n'oserois.*

Autem. conj. *Mais,* au contraire.

Auxilium, ii. n. *Secours, assistance.*

Averto, is, ti, sum, ere. *Détourner.*

Avis, is. f. *Oiseau.*

Avunculus, i. m. *Oncle.*

Avus, i. m. *Grand-père, aïeul.*

B

BATHUEL, elis. m. *Bathuel.*

Beatus, a, um. adj. *Heureux.*

Beneficium, ii. n. *Bienfait, service.*

Beneoleo, es, olui, olere. *Sentir bon.*

Benevolentia, æ. f. *Bienveillance.*

Benignè. adv. *Avec bonté.*

Benjaminus, i. m. *Benjamin.*

Bibo, is, bi, bibitum, ere. *Boire.*

Biennium, ii, n. *Deux ans.*

Bitumen, inis. n. *Bitume.*

Bonum, i. n. *Bien.* Bona, orum. *Biens, richesses.*

Bonus, a, um. adj. *Bon.*

Borealis, m.f. e. n. *Du nord.*

Brevi, adv. *Bientôt, en peu de temps.*

Byssinus, a, um, adj. *De lin.*

C

CACUMEN, inis. n. *Sommeil.*

Cado, is, cecidi, casum, ere. *Tomber, être tué.*

Cæcus, a, um. adj. *Aveugle.*

Cædo, is, cecidi, cæsum,

ere. *Tuer, battre, tailler en pièces.*

Cæno, as, avi, atum, are. *Souper.*

Cæsar, aris. m. *César.*

Cæteri, æ, a. pl. adj. *Les autres.*

Cainus, i. m. *Caïn.*

Calceamentum, i. n. *Soulier.*

Callidus, a, um. adj. *Rusé.*

Camelus, i. m. *Chameau.*

Candidus, a, um. adj. *Blanc.*

Canis, is. *Chien.*

Canistrum, i. n. *Corbeille.*

Capio, is, cepi, captum, ere. *Prendre, ressentir, concevoir.*

Capitis, *voy.* Caput.

Captivus, a, um. adj. *Captif.*

Caput, pitis. n. *Tête.*

Carcer, eris. m. *Prison.*

Carduus, i. m. *Chardon.*

Caro, carnis. f. *Chair.*

Carus, a, um. adj. *Cher d, chéri de.*

Casus, ûs. m. *Chûte, hasard.*

Catena, æ. f. *Chaîne.*

Causa, æ. f. *Cause, sujet.* Meâ causâ. *A cause de moi.* Causâ ulciscendi. *Pour se venger.*

Caveo, es, cavi, cautum, ere. *Prendre garde.*

Celebro, as, avi, atum, are. *Célébrer.* Convivium celebrare. *Donner un grand festin.*

Centum, ind. *Cent.*

Certè. adv. *Certainement.*

Certus, a, um. adj. *Certain.* Facere certiorem. *Informer de.*

Chamus, i. m. *Cham.*

Chanaan, anis. m. *Chanaan.*

Christianus, a, um. adj. *Chrétien.*

Christus, i. m. *Le Christ.*

Cibaria, orum. pl. n. *Vivres.*

Cibus, i. m. *Nourriture, aliment, mets, repas.*

Cilicium, ii. n. *Cilice.*

Cinis, neris. m. *Cendre.*

Circumdo, as, dedi, datum, dare. *Attacher autour.*

Circumvolito, as, avi, atum, are. *Voler autour.*

Civis, is. m. f. *Citoyen, concitoyen, habitant.*

Civitas, atis. f. *Ville.*

Clamo, as, avi, atum, are. *Crier.*

Claudo, is, si, sum, ere. *Fermer.*

Clementer, ad. *Avec bonté.*

Coegi, *voy. Cogo.*

Cœlum, i. n. *Ciel.*

Cognatus, a, um. adj. *Parent.*

Cognosco, is. novi, nitum, ere. *Connoître, savoir.*

Cogo, is, coegi, actum, ere. *Contraindre, rassembler.*

Collacrymo, as, avi, atum, are. *Pleurer avec quelqu'un.*

Collectus, a, um. *voy.* Colligo.

Colligo, is, legi, lectum, ere. *Assembler.*

Colloco, as, avi, atum, are. *Placer, mettre, établir.*

Colloquium, ii. n. *Entretien.*

Collum, i. n. *Cou.*

Colo, is, lui, cultum, ere. *Cultiver, pratiquer, honorer.*

Color, oris. m. *Couleur.*

Columba, æ. f. *Colombe.*

Comburo, is, bussi, bustum, ere. *Brûler.*

Comedo, is, di, estum, ere. *Manger.*

Commigro, as, avi, atum, are. *Aller habiter, venir habiter.*

Committo, is, si, ssum, ere. *Commettre, livrer, confier.* Se fugæ committere ; *prendre la fuite.* Non committam. *Je n'ai garde.*

Commoror, aris, atus, ari. *Demeurer, loger.*

Commoveo, es, movi, motum, ere. *Emouvoir, agiter, ébranler.*

Commuto, as, avi, atum, are. *Changer.*

Comparo, as, avi, atum, are. *Préparer, gagner.*

Compello, as, avi, atum, are. *Parler, adresser la parole à.*

Complector, eris, plexus, ti. *Embrasser, saisir, prendre.*

Comprobo, as, avi, atum, are. *Prouver, vérifier, justifier.*

Compulsus, a, um. *voy.* Compello.

Concedo, is, cessi, cessum, ere. *Accorder, laisser.*

Conclave, is. n. *Appartement.*

Condemno, as, avi, atum, are. *Condamner.*

Condio, is, ivi, itum, ire. *Embaumer.*

Condo, is, idi, itum, ere. Renfermer.

Condono, as, avi, atum, are. Pardonner.

Confectus, a, um. voy. Conficio.

Confestim. adv. Aussitôt, sur-le-champ.

Conficio, is, feci, fectum, ere. Faire, accabler, épuiser. Conficior. Mourir.

Confido, is, idi, ere. Se confier, mettre sa confiance.

Confiteor, eris, fessus, eri. Avouer.

Congero, is, gessi, gestum, ere. Amasser.

Conjector, oris. m. Devin, interprète.

Conjicio, is, jeci, jectum, ere. Jeter.

Conjux, ugis, m. et f. Epoux, épouse, femme.

Conor, aris, atus, ari. Tâcher, s'efforcer.

Consideo, es, sedi, sessum, ere. S'asseoir.

Considero, as, avi, atum, are. Considérer.

Consilium, ii. n. Conseil, avis, résolution.

Consisto, is, stiti, stitum, ere. S'arrêter, se tenir debout.

Consolatio, onis. f. Consolation.

Consolor, aris, atus, ari. Consoler.

Conspectus, ûs. m. Présence.

Conspergo, is, ersi, ersum, ere. Arroser, couvrir.

Conspicio, is, pexi, pectum, ere. Voir, apercevoir, regarder.

Conspicor, aris, atus, ari. Voir, envisager.

Constituo, is, ui, utum, ere. Etablir, placer, faire paroître.

Consulo, is, lui, ultum, ere. Pourvoir.

Consumo, is sumpsi, sumptum, ere. Ruiner, consommer, passer. Consumor. Périr.

Contamino, as, avi, atum, are. Souiller.

Contero, is, trivi, tritum, ere. Briser.

Contineo, es, nui, tentum, ere. Retenir.

Contingo, is, tigi, tactum, ere. Arriver.

Continuò. Tout de suite, aussitôt.

Contrà. prép. Contre.

Convenio, is, eni, entum, ire. S'assembler, s'accorder. Convenitur. On vient.

Convivium, ii. n. Festin.

Convoco, as, avi, atum, are. Assembler.

Copia, æ. f. Abondance, quantité, ressource.

Copiæ, arum. pl. f. Troupes.

Coràm. prép. Devant, en présence de.

Cornu, ind. Cornua, uum. pl. n. Cornes.

Corpus, oris. n. Corps.

Corrodo, is, rosi, rosum, rodere. Ronger.

Corrumpo, is, rupi, ruptum, ere. Corrompre.

Corvus, i. m. Corbeau.

Costa, æ. f. Côte.

Cras. adv. Demain.

Creator, oris. m. Créateur.

Credo, is, didi, ditum, ere. Croire, confier, prêter.

Credulus, a, um. adj. Crédule

Creo, as, avi, atum, are. Créer.

Cresco, is, crevi, cretum, ere. *Croître, s'augmenter.*

Crimen, inis. n. *Crime.*

Crudelis, is, e. adj. *Cruel.*

Grumena, æ. f. *Bourse.*

Cubile, is. n. *Lit.*

Cubitus, i. m. *Coudée.*

Cubo, as, avi, atum, are. *Coucher, être couché.*

Culmus, i. m. *Tige.*

Culpa, æ. f. *Faute.*

Cum. prép. *Avec.*

Cùm. conj. *Lorsque, puisque.*

Cumulo, as, avi, atum, are. *Combler, mettre le comble à.*

Cupio, is, ivi, itum, ere. *Souhaiter,*

Cur. adv. *Pourquoi.*

Cura, æ. f. *Soin.* Gerere curam. *Se mêler, prendre soin.*

Curo, as, avi, atum, are. *Avoir soin, soigner, s'embarrasser.*

Currus, ûs. m. *Char.*

Custodio, is, divi, ditum, ire. *Garder.*

Custos, odis. m. *Gardien.*

Cyprus, i. f. *Chypre.*

D

Dæmon, onis. n. *Démon.*

Damnum, i. n. *Dommage, désavantage, malheur.*

Deambulo, as, avi, atum, are. *Se promener.*

Debeo, es, bui, bitum, ere. *Devoir.*

Decem. ind. *Dix.*

December, ris. m. *Décembre.*

Deceptus, a, um. voy. Decipio.

Decerno, is, crevi, cretum, ere. *Ordonner.*

Decerpo, is, psi, ptum, ere. *Cueillir.*

Decipio, is, epi, eptum, ere. *Tromper.*

Decusso, as, avi, atum, are. *Croiser.*

Deduco, is, xi, ctum, ere. *Conduire, emmener, ramener.*

Defero, fers, tuli, latum, ferre. *Porter, transporter, rendre, déférer.*

Defervesco, is, ferbui, ere. *S'apaiser, se calmer.*

Defungor, eris, functus sum, fungi. *Mourir.*

Deinceps. adv. *Dès - lors, depuis, désormais.*

Deindè. ad. *Ensuite.*

Delecto, as, avi, atum, are. *Réjouir.* Delector. *Avoir du goût pour.*

Deleo, es, evi, etum, ere. *Effacer, détruire, abolir.*

Delictum, i. n. *Péché.*

Demitto, is, isi, issum, ere. *Abaisser, descendre, pencher.*

Demum. adv. *Enfin.*

Densus, a, nm. adj. *Epais, touffu.*

Deporto, as, avi, atum, are. *Transporter.*

Deprehendo, is, di, sum, ere. *Surprendre.*

Depromo, is, prompsi, promptum, ere. *Tirer dehors.*

Descendo, is, di, sum, ere. *Descendre.*

Desero, is, rui, sertum, ere. *Quitter, abandonner.*

Designo, as, avi, atum, are. *Désigner.*

Desiderium, ii. n. *Désir.*

Desino, is, desii, desinere, *Cesser.*

Desilio, is, lui, sultum, ire. *Descendre, sauter en bas.*

Despero, as, avi, atum, are. *Désespérer.*

Destino, as, avi, atum, are. *Destiner.*

Déterreo, es, rui, ritum, ere. *Détourner.*

Detraho, is, traxi, tractum, ere. *Oter, tirer, enlever, arracher.*

Detrudo, is, si, sum, ere. *Pousser, jeter, descendre.*

Deus, i. m. *Dieu,*

Devoro, as, avi, atum, are. *Dévorer.*

Dextra, æ. f. *Main droite.*

Dico, is, xi, ctum, ere. *Dire.*

Dies, ei. m. et f. *Jour.* In dies. *De jour en jour.*

Digitus, i. m. *Doigt.*

Dignitas, atis. f. *Dignité.* Dignitas corporis. *Extérieur majestueux.*

Dignus, a, um. adj. *Digne.*

Dilectus, a, um. *voy.* Diligo.

Diligenter. adv. *Avec soin.*

Diligo, is, lexi, lectum, ere. *Aimer, chérir.*

Diluvium, ii. n. *Déluge.*

Dimitto, is, isi, issum, ere. *Renvoyer, laisser partir.*

Dinumero, as, avi, atum, are. *Compter.*

Discedo, is, cessi, cessum, ere. *S'en aller, partir, s'écarter.*

Discipulus, i. m. *Disciple.*

Dispensator, oris. m. *Intendant.*

Dispono, is, posui, situm, ere. *Arranger.*

Dissimulo, as, avi, atum, are. *Feindre, dissimuler.*

Distribuo, is, bui, butum, ere. *Partager, distribuer.*

Ditio, onis. f. *Empire, domination.*

Diu. ad. *Longtemps.* Diutiùs. *Plus longtemps.*

Dives, itis. m. f. *Riche.*

Divinitùs. adv. *Par la volonté de Dieu.*

Divinus, a, um. adj. *Divin.*

Divitiæ, arum. pl. f. *Richesses.*

Do, das, dedi, datum, dare. *Donner.* Se dare in viam. *Se mettre en route.*

Doceo, es, cui, ctum, ere. *Instruire, enseigner, apprendre.*

Docilis. m. f. e. n. *Docile.*

Dolor, oris. m. *Douleur, affliction.*

Dominicus, a, um. adj. *De dimanche.*

Dominus, i. m. *Seigneur, maître, Monsieur.*

Domus, ûs. f. *Maison.* Domui. *A la maison.*

Donec. conj. *Jusqu'à ce que.*

Dono, as, avi, atum, are. *Gratifier, faire présent.*

Donum, i. n. *Don, présent,* Dono mittere. *Envoyer en présent.*

Dormio, is, ivi, itum, ire. *Dormir.*

Dubito, as, avi, atum, are. *Douter, hésiter, faire difficulté, balancer.*

Duco, is, xi, ctum, ere. *Conduire, mener.* Pro nihilo ducere. *Compter pour rien.*

Duodecim. ind. *Douze.*

Duplex, icis. adj. *Double, deux.*

Duplus, a, um. adj. *Double.*

Durus, a, um. adj. *Dur, pénible.*

E

E, prép. *De, du.*
Ecce. *Voici, voilà, voici que.*
Ecclesia, æ. f. *Eglise.*
Edo, is, di, sum, ere. *Manger.*
Edo, is, didi, ditum, ere. *Mettre au monde, faire, faire paroître, pousser, élever, donner.* Edor. *Naître.*
Educo, is, xi, ctum, ere. *Tirer, faire sortir.*
Effundo, is, fudi, fusum, ere. *Répandre, tirer.*
Egestas, atis. f. *Indigence.*
Ego, meî. pr. *Je, moi.*
Egredior, eris, gressus, di. *Sortir, aller.*
Egregius, a, um. adj. *Distingué, excellent, choisi.*
Ejicio, is, jeci, jectum, ere. *Chasser.*
Elabor, eris, lapsus, bi. *S'écouler, passer.*
Eleemosyna, æ. f. *Aumône.*
Eliezer, ris. m. *Eliézer.*
Emergo, is, mersi, sum, ere. *Sortir.*
Emitto, is, isi, issum, ere. *Lâcher, laisser aller, répandre.*
Emo, is, i, emptum, ere. *Acheter.*
En. adv. *Voici, voilà.*
Enascor, eris, natus, ci. *Naître, pousser.*
Enim. conj. *Car.*
Eo, is, ivi, itum, ire. *Aller.* Itum est. *On alla.*
Ephraïmus, i. m. *Ephraïm.*
Equus, i. m. *Cheval.*
Ergo. conj. *Donc.*

Erigo, is, rexi, rectum, ere. *Dresser.*
Erogo, as, avi, atum, are. *Donner droit.*
Error, oris. m. *Erreur.*
Erumpo, is, rupi, ruptum, ere. *Se répandre, s'échapper, jaillir, sortir.* In voces erumpere. *Prononcer avec force.*
Esaüs, ai. m. *Esaü.*
Esca, æ. f. *Nourriture.*
Esurio, is, ivi, itum, ire. *Avoir faim.*
Et. conj. *Et, aussi.* Et verò. *En effet.*
Etiam. adv. *Aussi, encore.*
Europa, æ. f. *Europe.*
Eva, æ. f. *Eve.*
Evenio, is, eni, entum, ire. *Arriver.*
Eventus, ûs. m. *Evènement, fin, issue.*
Ex. pr. *De, du.* Ex quo. *Depuis que.*
Exanimatus, a, um. part. *Epuisé.*
Exaudio, is, ivi, itum, ire. *Exaucer, entendre.*
Excito, as, avi, atum, are. *Exciter, éveiller.*
Exclamo, as, avi, atum, are. *S'écrier.*
Excusatio, onis. f. *Excuse.*
Exemplum, i. n. *Exemple.*
Exeo, is, ivi, itum, ire. *Sortir, s'avancer.*
Exercitus, ûs. m. *Armée.*
Exilis, is, e. adj. *Petit, maigre, grêle.*
Eximius, a, um. adj. *Exquis, très-beau, rare.*
Expergefactus. a, um. part. *Réveillé.*
Experrectus, a, um. adj. *Réveillé.*

Experior, iris, pertus, iri. *Éprouver.*

Exploro, as, avi, atum, are. *Examiner, épier, découvrir.*

Expono, is, posui, situm, ere. *Exposer, découvrir.*

Exprimo, is, pressi, pressum, ere. *Exprimer, presser.*

Exprobro, as, avi, atum, are. *Reprocher.*

Exsecratus, a, um. *Détesté, maudit. voy.* Exsecror.

Exsecror, aris, atus, ari. *Maudire.*

Exsolvo, is, vi, lutum, ere. *Payer.*

Exspecto, as, avi, atum, are. *Attendre.*

Extendo, is, di, sum, ere. *Étendre.*

Extimesco, is, timui, ere. *Craindre.*

Extinctus, a, um. part. *Mort, expiré.*

Exstruo, is, struxi, structum, ere. *Construire.*

F

FABRICO, as, avi, atum, are. *Fabriquer.*

Facies, ei. *Visage, figure.*

Facilè. adv. *Facilement, aisément.*

Facio, is, feci, factum, ere. *Faire, agir, donner.*

Fama, æ. f. *Réputation, bruit.*

Fames, is. f. *Famine, disette.*

Familia, æ. f. *Famille, lignée.*

Familiaris, is, e. adj. *De famille.*

Fateor, eris, fassus, eri. *Avouer.*

Faveo, es, favi, fautum, ere. *Favoriser.*

Faustus, a, um. adj. *Heureux.* Fausta omnia. *Toutes sortes de prospérités.*

Felicitas, atis. f. *Félicité.*

Fenestra, æ. f. *Fenêtre.*

Fera, æ. f. *Bête sauvage.*

Feretrum, i. n. *Cercueil.*

Ferio, is, ire. *Frapper.*

Fero, fers, tuli, latum, ferre. *Porter, emporter, souffrir.*

Ferreus, a, um. *de fer.*

Ferrum, i. n. *fer.*

Fessus, a, um. adj. *Las, fatigué.*

Festinans, antis. part. *Se hâtant, avec empressement.*

Festum, i. n. *Fête.*

Fidenter, adv. *Avec assurance.*

Fides, ei. *Foi, fidélité.* Fidem facere. *Donner l'assurance, persuader.* In fidem recipere. *Prendre sous sa caution, recevoir les promesses de fidélité.*

Filia, æ. f. *Fille.*

Filius, ii. m. *Fils, enfant.*

Filum, i. n. *Fil.*

Fingo, is, finxi, fictum, ere. *Former.*

Finis, is. m. *Fin, bornes.*

Finxi. voy. Fingo.

Fio, fis, factus sum, fieri. *Devenir, être fait, se faire.*

Firmamentum, i. n. *Firmament.*

Flagitium, ii. n. *Action criminelle.*

Flagro, as, avi, atum, are. *Brûler.*

Fleo, es, fletum, ere. *Pleurer.*

Fluito, as, avi, atum , are. Surnager, flotter.

Flumen, inis. n. Fleuve.

Fluo, is , fluxi, xum, ere. Couler.

Fluvius, ii. m. Fleuve.

Fluxus, a, um. adj. Caduc.

Fœdus, a, um. adj. Difforme, triste.

Fœdus, eris. n. Alliance, traité.

Fons, fontis. m. Fontaine, source.

Foràs. adv. Dehors.

Fore. Devoir arriver. voy. Sum.

Foris. adv. Dehors.

Formo, as, avi, atum , are. Former.

Fortè. adv. Par hasard.

Fovea, æ. f. Fosse.

Frater, tris. m. Frère.

Fraus, fraudis. f. Fraude, tromperie.

Frigidus, a, um. adj. Froid.

Frigus, oris. n. Froid.

Fructus, ûs. m. Fruit.

Frumentum, i. n. Froment, blé.

Fruges, gum. pl. f. Fruits, biens de la terre.

Fugio, is, gi, fugitum, ere. Fuir, s'enfuir.

Fulgeo, es, fulsi, ere. Briller.

Fulmino, as, avi, atum, are. Tonner.

Fundo, is, fudi, fusnm, ere. Répandre, produire, mettre en déroute.

Fungor, eris, functus, gi. S'acquitter.

Funus, eris. n. Funérailles.

Furor, aris, atus sum, ari. Voler, dérober.

Furtum, i. n. Vol, larcin.

Futurus, a, um. part. Futur, devant arriver. voy. Sum.

G

Gallia, æ. f. France.

Gemitus, ûs. m. Gémissement.

Gemma, æ. f. Pierre précieuse, bourgeon.

Generosus, a. um. adj. Généreux, illustre.

Gens, entis. f. Nation, peuple. Gentes, ium. pl. f. Gentils.

Genus, eris. n. Genre, race, famille.

Gero, is, gessi, gestum , ere. Porter, faire. Morem gerere. Suivre les conseils de.

Germanus, a, um. adj. Allemand, d'Allemagne.

Gesto, as, avi, atum, are. Porter.

Gigno, is, genui, genitum, ere. Engendrer.

Gladius, ii. m. Epée, glaive.

Gloria, æ. f. Gloire.

Glorior, aris, atus, ari. Se glorifier.

Gnavus, a, um. adj. Actif, appliqué.

Gradus, ûs. m. Poste, grade.

Gratia , æ. f. Grâce, faveur, crédit.

Gratulor, aris, atus, ari. Féliciter.

Gravis, is, e. adj. Pesant, onéreux, profond, violent, considérable, redoutable.

Grex, gregis. m. Troupeau.

Gustus, ûs. m. Goût.

H

Habeo, es, bui, bitum, ere. *Avoir, traiter.* Se habere. *Se trouver.* Habeor. *Passer pour, être compté.*

Habito, as, avi, atum, are. *Demeurer, loger.*

Hædus, i. m. *Chevreau.*

Hæreo, es, hæsi, hæsum, ere. *Être arrêté, demeurer, être embarrassé.*

Haran. ind. *Haran.*

Haurio, is, hausi, haustum, ire. *Puiser.*

Hebdomas, adis. f. *Semaine.*

Hebræus, a, um. adj. *Hébreu, des Hébreux.*

Herodes, is. m. *Hérode.*

Heri. ind. *Hier.*

Herus, i. m. *Maître.*

Hic, hæc, hoc. pr. *Ce, cette, celui-ci, celle-ci, cela, tel.*

Hodie. *Aujourd'hui.*

Homicidium, ii. n. *Homicide, meurtre.*

Homo, inis. m. *Homme.*

Honor, oris. m. *Honneur.*

Hora, æ. f. *Heure.* In horas. *D'heure en heure.*

Horrendus, a. um. adj. *Horrible, épouvantable.*

Horreum, i. n. *Grenier.*

Hortor, aris, atus, ari. *Exhorter, encourager.*

Hortus, i. m. *Jardin.*

Hospitium, ii. n. *Logement.* Excipere hospitio. *Donner l'hospitalité.*

Hostia, æ. f. *Victime.*

Hostilis, is, e. adj. *Hostile.* Animo hostili. *Avec de mauvaises intentions.*

Huc. adv. *Ici.*

Humerus, i. m. *Epaule.*

Hypocrita, æ. m. *Hypocrite.*

I

Ibi. adv. *Là, en cet endroit.*

Idcirco. adv. *Pour cela.*

Ideo. adv. *Pour cela, c'est pourquoi.*

Igitur. conj. *Donc.*

Igneus, a, um. adj. *De feu.*

Ignis, is. m. *Feu.*

Ille, a, ud. pr. *Celui-ci, celui-là, cela, il, lui, etc.*

Illecebræ, arum. f. *Attraits.*

Illuc. adv. *Là, en cet endroit.*

Illucesco, is, luxi, ere. *Luire, faire jour.*

Imitor, aris, atus, ari. *Imiter.*

Immineo, es, nui, ere. *Approcher, menacer.*

Imminuo, is, nui, nitum, ere. *Diminuer, affoiblir, adoucir.*

Immitto, is, misi, missum, ere. *Envoyer.*

Immolo, as, avi, atum, are. *Immoler, sacrifier.*

Impetro, as, avi, atum, are. *Obtenir.*

Impius, a, um. adj. *Impie.*

Impleo, es, plevi, pletum, ere. *Emplir.*

Impono, is, posui, positum, ere. *Mettre, imposer.*

Improbus, a, um. adj. *Méchant.*

In. pr. *Dans, en, à, contre, pour.*

Inauris, is. f. *Pendant d'oreille.*

Incipio, cepi, ceptum, ere. *Commencer.*

Inclamo, as, avi, atum, are. *Crier, appeler à haute voix.*

Includo, is, sum, ere. *Enfermer.*

Incolo, is, lui, cultum, ere. Habiter.

Incubo, as, bui, bitum, are. Être couché. — terræ. Sur la terre. — Parieti. contre un mur.

Indè. adv. De là, en. Hinc et indè. De part et d'autre.

Indicium, ii. n. Marque, signe.

Indico, as, avi, atum, are. Montrer, faire connoître, indiquer.

Indigeo, es, ui, ere. Avoir besoin.

Indignatio, onis. f. Indignation, courroux.

Indignitas, atis. f. Indignité.

Indocilis. m. f. e. n. Indocile.

Indoles, is. f. Naturel, caractère.

Induco, is, duxi, ductum, ere. Faire entrer.

Induo, is, dui, dutum, ere. Revêtir, se revêtir.

Industria, æ. f. Industrie.

Industrius, a, um. adj. Industrieux, intelligent.

Ineo, is, ii, itum, ire. Commencer. Inire convivium. Faire un festin.

Infero, fers, tuli, illatum, ferre. Porter, mettre dans.

Infestus, a, um. adj. Contraire, ennemi.

Ingens, entis. adj. Grand.

Ingravesco, is, ere. S'appesantir, s'augmenter, croître.

Ingredior, iris, gressus, di. Entrer.

Inimicitia, æ. f. Inimitié.

Injuria, æ. f. Injure, tort.

Innixus, a, um. part. Appuyé sur.

Inopia, æ. f. Disette.

Inquio, is. Dis-je, dis-tu, dit-il.

Insero, is, serui, sertum, ere. Mettre.

Insignis, is, e. Éclatant, remarquable, distingué.

Insilio, is, lui, sultum, ere. Sauter.

Inspicio, is, pexi, pectum, ere. Apercevoir.

Instituo, is, ui, utum, ere. Instituer, établir, régler.

Insto, as, stiti, stare. Insister, presser, approcher.

Insula, æ. f. Île.

Insuper. adv. De plus.

Inter. pr. Entre, parmi.

Interea. adv. Cependant, pendant ce temps-là.

Interficio, is, feci, factum, ere. Tuer, faire mourir.

Interpres, pretis. m. f. Interprète.

Interpretatio, onis. f. Explication.

Interpretor, aris, atus, ari. Expliquer.

Interrogo, as, avi, atum, are. Demander, interroger.

Interrumpo, is, rupi, ruptum, ere. Arrêter.

Intrà. prép. Dans l'espace de, en.

Introduco, is, duxi, ductum, ere. Introduire, faire entrer.

Invalesco, is, valui, ere. Se fortifier.

Invenio, is, ni, ventum, ire. Trouver.

Invideo, es, di, sum, ere. Porter envie.

Inviso, is, si, sum, ere. Visiter, aller voir.

Invisus, a, um. adj. *Haï de,*
odieux à.

Ipse, a, um. pr. *Même.*
Ego ipse. *Moi-même.*

Ira, æ. f. *Colère.*

Iratus, a, um. *Irrité.*

Irreparabilis. m. f. e. n. *Irré-*
parable.

Irrigo, as, avi, atum, are.
Arroser.

Irruo, is, rui, ere. *Fon-*
dre sur.

Is, ea, id. pr. *Ce, cette,*
celui, celle, cela. Id est.
C'est-à-dire.

Iste, a, ud. pr. *Ce, cette,*
celui-ci, celle-ci.

Ità. adv. *Ainsi, tellement,*
de sorte.

Italia, æ. f. *Italie.*

Itaque. conj. *C'est pourquoi,*
donc.

Iter, itineris. n. *Route, voya-*
ge. Iter facere. *Marcher,*
voyager.

Iterùm. adv. *Une seconde fois.*

J

Jaceo, es, cui, ere. *Etre*
couché, être étendu, re-
poser.

Jacobus, i. m. Jacob.

Jam. adv. *Déjà, mainte-*
nant. Non jam *Ne plus.*

Japhetus, i. m. *Japhet.*

Jubeo, es, jussi, jussum,
ere. *Ordonner, comman-*
der. Jubeor. *Recevoir ordre.*

Jucundus, a, um. adj.
Agréable.

Julius, ii. m. *Juillet.*

Juro, as, avi, atum, are.
Jurer, faire serment. Ju-
rare in verba. *Jurer con-*
formément aux paroles.

Jus, juris. n. *Droit.*

L

Labanus, i. m. *Laban.*

Labor, oris. n. *Travail, fa-*
tigue.

Laboro, as, avi, atum, are.
Travailler.

Lamenta, orum. pl. n. *Plain-*
tes, gémissemens.

Lapis, idis. m. *Pierre.*

Lassitudo, inis. f. *Lassitu-*
de, fatigue.

Lautus, a, um. adj. *Splen-*
dide, grand.

Lectio, onis. f. *Leçon.*

Lenio, is, ivi, itum, ire.
Adoucir.

Lenis, is, e. adj. *Doux, sans*
poil.

Lens, lentis. f. *Lentille.*

Lethalis, is, e. adj. *Mortel.*

Levitas, atis. f. *Légéreté.*

Libenter. adv. *Volontiers,*
de bon cœur.

Liber, ra, rum. adj. *Libre.*

Liber, ri. m. *Livre.*

Liberi, orum. pl. m. *Enfans.*

Libero, as, avi, atum, are.
Délivrer.

Libertas, atis. f. *Liberté.*

Libido, onis. f. *Passion.*

Licet, licuit, licere. *Il est*
permis.

Lignum, i. n. *Bois.*

Ligo, as, avi, atum, are.
Lier.

Limus, i. m. *Limon.*

Linio, is, ivi, itum, ire.
Enduire, frotter, oindre.

Locus, i. m. Loca, orum,
pl. n. *Lieu, poste, place,*
canton.

Londinum, i. n. *Londres.*

Longè. adv. *Beaucoup, fort.*
Longè alius. *Tout autre,*
tout différent.

Longus, a, um. adj. *Long.*

Loquor, eris, cutus, qui. *Parler, dire.*

Lotus, a, um. adj. *Lavé.*

Ludovicus, i. m. *Louis.*

Lugdunum, i. n. *Lyon.*

Luna, æ. f. *Lune.*

Lupus, i. m. *Loup.*

Lutum, i. n. *Boue.*

Lux, lucis. f. *Lumière.*

Luxus, ûs. m. *Luxe.*

M

MACILENTUS, a, um. adj. *Maigre.*

Magdalena, æ. f. *Magdeleine.*

Magister, ri. m. *Maitre.*

Magnificus, a, um. adj. *Magnifique.*

Magnitudo, inis. f. *Grandeur.*

Major, or, us. adj. *Plus grand.* Majores, um. pl. m. *Ancêtres.*

Malè. adv. *Mal.* Malè precari. *Maudire.*

Malum, i. n. *Mal.*

Mandatum, i. n. *Commission, ordre.*

Manifestus, a, um. adj. *Manifeste, évident.*

Manipulus, i. m. *Gerbe.*

Manus, ûs, f. *Main, troupe.*

Mare, is. n. *Mer.*

Manduco, as, avi, atum, are. *Manger.*

Mater, tris. f. *Mère.*

Matrimonium, ii. n. *Mariage.* In matrimonium accipere. *Epouser.*

Maturesco, is, turui, ere. *Murir.*

Maximè. adv. *Très, fort, beaucoup.*

Maximus, a, um. adj. *Très-grand, le plus grand.*

Medicus, i. m. *Médecin.*

Meditor, aris, atus, ari. *Méditer, songer à.*

Meliùs. adv. *Mieux.*

Memini, nisti, nisse. *Se souvenir.*

Mendacium, ii. n. *Mensonge.*

Mens, entis. f. *Esprit, dispositions, sentimens.*

Mensis, is. m. *Mois.*

Mentio, onis. f. *Mention.*

Mercator, oris. m. *Marchand.*

Merces, edis. f. *Recompense, salaire.*

Meridies, ei. f. *Midi.*

Martyr, iris. m. *Martyr.*

Meritò. adv. *Avec raison, justement.*

Meritum, i. n. *Service.*

Mesopotomia, æ. f. *Mésopotamie.*

Messis, is. f. *Moisson.*

Metuo, is, i., ere. *Craindre.* Non est quòd metuas. *Vous n'avez point à craindre.*

Meus, a, um. pr. *Mon, ma, mien.*

Miles, itis. m. *Soldat.*

Miltiades, is. m. *Miltiade.*

Minimè. adv. *Point du tout, nullement.*

Minimus, a, um. adj. *Le plus petit.*

Minister, tri. m. *Officier, serviteur.*

Minor, or, us. adj. *Plus petit, moindre.*

Mirè. adv. *Merveilleusement.*

Miror, aris, atus, ari. *Admirer.*

Miseret, uit, rere, *Avoir pitié.*

Missa, æ. f. *Messe.*

Mitigatus , a , um. part. *Adouci, calme.*

Mitis, is , e. adj. *Doux.*

Mitto, is , isi, issum, ere. *Envoyer, jeter, lancer.*

Modestia , æ. f. *Modestie.*

Modò. adv. *Il n'y a pas long-temps, seulement.*

Modus, i. m. *Manière, façon, forme.*

Mœrens, entis. part. *Triste, affligé.*

Mœror, oris. m. *Affliction, chagrin.*

Mœstitia, æ. f. *Tristesse.*

Moneo, es, ui, nitum, ere. *Avertir, prévenir.*

Mons, montis. m. *Montagne.*

Morbus, i. m. *Maladie.*

Morior, eris , mortuus , mori. *Mourir.*

Mortalis, is, e. adj. *Mortel.*

Mos, oris. m. *Usage, coutume, manière. Mores, um. Mœurs, caractère, conduite.*

Moses, is. m. *Moïse.*

Mugitus, ûs. m. *Mugissement.*

Mulcto, as, avi, atum, are. *Punir.*

Mulier, eris. f. *Femme.*

Multitudo, inis. f. *Multitude, grand nombre.*

Multo. adv. *Beaucoup.*

Multùm. adv. *Beaucoup.*

Multus, a, um. adj. *Nombreux, beaucoup de, plusieurs.*

Munio, is, ivi, itum, ire. *Fortifier, défendre.*

Munus, eris. n. *Présent, charge, emploi.*

Mus, muris. m. *Rat.*

Musice, es. f. *Musique.*

NAM, namque. conj. *Car.*

Narro, as, avi, atum, are. *Raconter.*

Nascor, eris, natus, nasci. *Naître.*

Natalis, is, e. adj. *Natal, de la naissance.*

Natio, onis. f. *Nation, peuple.*

Nato, as, avi, atum, are. *Nager.*

Natu. ind. *En âge.*

Navis, is. f. *Vaisseau.*

Ne. adv. *Ne... pas.*

Nebulosus, a, um. adj. *Nébuleux.*

Nec. conj. *Ni, et ne, et ne pas. Nec ultrà. Ne... plus.*

Necdùm. adv. *Et pas encore.*

Necessarius , a , um. adj. *Nécessaire.*

Necesse. ind. *Nécessaire.*

Negotium , ii. n. *Affaire, chose. Dare negotium , Donner commission.*

Nemo, inis. m. *Personne ne, aucun ne.*

Nemus, oris. n. *Bois.*

Nepos, otis. m. *Petit-Fils.*

Nequaquàm. adv. *Nullement.*

Nero, onis. m. *Néron.*

Nescio, is, ivi, itum, ire. *Ne savoir pas.*

Nilus, i. n. *Nil.*

Nimiùm. adv. *Trop, avec excès.*

Nimius, a, um. adj. *Trop grand.*

Nisi. conj. *Si, ne, pas, à moins que, si ce n'est.*

Nobiscum, pour cum nobis. *Avec nous.*

Noceo, noces, cui, ere. *Nuire, faire du mal.*

Noemus, i. m. *Noé.*

Nolo, is, nonvis, nolui, nolle. *Ne vouloir pas.*

Nomen, inis. n. *Nom.*

Nomino, as, avi, atum, are. *Nommer.*

Non. adv. *Non, ne, pas.*

Nonnè. adv. interroga. *Ne.*

Nosco, is, novi, notum, ere. *Connoître.*

Novus, a, um. adj. *Nouveau.*

Nox, noctis. f. *Nuit.*

Noxius, a, um. adj. *Nuisible.*

Nubes, is. f. *Nuée.*

Nubo, is, nupsi, nuptum, ere. *Epouser.*

Nudus, a, um. adj. *Nu.*

Nullus, a, um. adj. *Aucun, ne.*

Nùm. conj. *Si.*

Nùm. adv. *Est-ce que.*

Numen, inis. n. *Divinité.*

Numero, as, avi, atum, are. *Compter.*

Numerosus, a, um. adj. *Nombreux.*

Numerus, i. m. *Nombre*, Augi numero. *Se multiplier.*

Nummus, i. m. *Pièce de monnoie.*

Nuncio, as, avi, atum, are. *Annoncer.*

Nuncius, ii. m. *Messager, nouvelle.*

Nuptura. f. *Devant épouser.* voy. Nubo.

Nurus, ûs. f. *Belle-fille.*

Nutrix, icis. f. *Nourrice.*

Nutus, ûs. m. *Signe, volonté, ordre.*

O.

OBDORMISCO, is, mivi, ere. *S'endormir.*

Obduco, is, duxi, ductum, ere. *Amener sur.* Cœlo nubes obducere. *Couvrir le ciel de nuages.*

Obeo, es, ivi, itum, ire. *Parcourir, mourir, arriver à.*

Obliviscor, eris, blitus, sci. *Oublier.*

Obruo, is, rui, rutum, ere. *Engloutir, écraser.*

Obscurus, a, um. adj. *Obscur.*

Obsecro, as, avi, atum, are. *Supplier, conjurer.*

Obsisto, is, stiti, ere. *Résister, s'opposer.*

Obstupesco, is, pui, ere. *Etre saisi d'étonnement.*

Obtempero, as, avi, atum, are. *Se rendre à.*

Obtestor, aris, atus, ari. *Conjurer.*

Obtineo, es, ui, tentum, ere. *Obtenir.*

Obtuli. voy. Offero.

Obvenio, is, i, ventum, ire. *Arriver.*

Obviám. adv. *Au-devant de.*

Occido, is, di, sum, ere. *Tuer.*

Oecultus, a, um. adj. *Caché.*

Occurro, is, ri, sum, ere. *Aller au devant.*

Oculus, i, m. *Œil.*

Odi, odisti, odisse. *Haïr.*

Odiosus, a, um. adj. *Odieux, haï.*

Offensus, a, um. *Irrité.*

Offero, fers, obtuli, oblatum, ferre. *Présenter, offrir.*

Officium, ii. n. *Devoir.*

Olim. adv. *Un jour.*

Oliva, æ. f. *Olivier.*

Omnipotens, entis. adj. *Tout-puissant.*

Omnis, is, e. adj. *Tout*, *toute sorte*. Omnia. *Toutes choses, tout*.

Operio, is, perui, pertum, ire. *Couvrir*.

Opes, um. pl. f. *Richesses, forces*.

Opifex, icis. m. *Ouvrier*.

Opitulor, aris, atus sum, ari. *Secourir*.

Oppositus, a, um. part. *Opposé, placé vis-à-vis*.

Opprimo, is, pressi, pressum, ere. *Opprimer, accabler*.

Oppugno, as, avi, atum, are. *Attaquer*.

Ops, opis. f. *Secours, assistance. voy.* Opes.

Optimus, a, um. adj. *Très-bon, le meilleur*.

Opus, eris. n. *Ouvrage, besoin, profession*.

Oratio, onis. f. *Prière*.

Ora, æ. f. *Bord*.

Orbis, is. m. *Univers*.

Orbus, a, um. adj. *Privé, qui a perdu*.

Orior, iris, ortus, iri. *Sortir de, tirer son origine de, s'élever*.

Orno, as, avi, atum, are. *Orner*.

Oro, as, avi, atum, are. *Prier*.

Os, oris. n. *Bouche, bec, ouverture*.

Osculor, aris, atus, ari. *Embrasser*.

Ostendo, is, di, sum, ere. *Montrer*.

Otium, ii. n. *Oisiveté*.

Ovis, is. f. *Brebis*.

P

PALATIUM, ii. n. *Palais*.

Palatus, i. m. *Palais, goût*.

Palea, æ. f. *Paille*.

Pallium, ii. n. *Manteau, voile*.

Palmes, itis. m. *Branche*.

Palus, i. m. *Pieu, poteau*.

Palus, udis. f. *Marais*.

Par, paris. n. *Une paire*.

Paradisus, i. m. *Paradis*.

Parco, is, peperci, parcitum, ere. *Épargner*.

Parentes, um. pl. m. *Parens, aïeux*.

Pareo, es, rui, ere. *Obéir*.

Pario, es, peperi, partum, ere. *Enfanter, mettre au monde*.

Pariter. adv. *Pareillement*.

Paro, as, avi, atum, are. *Préparer, apprêter*.

Parochus, i. m. *Curé*.

Pars, partis, f. *Partie, portion*.

Partus, ûs. m. *Enfantement, couche*.

Parumper. adv. *Un peu*.

Parvulus, i. m. *Petit enfant, jeune*.

Pasco, is, pavi, pastum, ere. *Paître*.

Pastor, oris. m. *Pasteur, berger*.

Pater, tris. m. *Père*.

Paternus, a, um. *Paternel, de père*.

Patior, eris, passus, pati. *Souffrir*.

Patria, æ. f. *Patrie, pays*.

Paulatim. adv. *Peu à peu*.

Pauper, eris. m. *Pauvre*.

Peccatum, i. n. *Péché, faute*.

Pecco, as, avi, atum, are. *Pécher, faire une faute*.

Pectus, oris. n. *Poitrine, sein*.

Pecunia, æ. f. *Argent*.

Pecus, oris. n. *Bétail*.

Pejor,

Pejor, or, us.adj. *Pire, plus mauvais.*

Pellicio, is, lexi, lectum ere. *Attirer, solliciter.*

Pellis, is. f. *Peau.*

Penitùs. adv. *Profondément, entièrement.*

Penna, æ. f. *Plume.*

Per. pr. *Par, pendant, durant.*

Perago, is, egi, actum, ere. *Achever.*

Percontor, aris, atus, ari. *S'informer, demander.*

Percutio, is, cussi, cussum, ere. *Frapper.*

Perdo, is, didi, ditum, ere. *Perdre, détruire.*

Perfero, fers, tuli, latum, ferre. *Porter, supporter.*

Perficio, is, feci, fectum, ere. *Exécuter, achever.*

Pergo, is, perrexi, perrectum, ere. *Aller, s'avancer, continuer.*

Perlego, is, legi, lectum, ere. *Lire.*

Periculum, i. n. **Danger**, *péril.*

Perlustro, as, avi, atum, are. *Parcourir, visiter.*

Pernocto, as, avi, atum, are. *Passer la nuit.*

Persecutio, onis. f. *Persécution.*

Persequor, eris, secutus, qui. *Poursuivre, continuer.*

Persevero, as, avi, atum, are. *Persévérer.*

Perspectus, a, um. part. *Connu.*

Persuadeo, es, suasi, suasum, ere. *Persuader, conseiller.*

Pertineo, es, ui, ere. *Tendre à, aller jusqu'à.*

Perturbatus, a, um. part. *Troublé.*

Pervenio, is, i, entum, ire. *Parvenir, arriver.*

Pes, pedis. m. *Pied.*

Pessimùs, a, um. *Très-méchant, cruel.*

Peto, is, tivi, titum, ere. *Demander, aller en.*

Pharao, onis. m. *Pharaon.*

Pharetra, æ. f. *Carquois.*

Philosophus, i. m. *Philosophe.*

Piger, ra, rum. adj. *Paresseux.*

Pigritia, æ. f. *Paresse.*

Pilosus, a, um. adj. *Velu, couvert de poils.*

Pincerna, æ. m. *Echanson.*

Pinguis, is, e. adj. *Gras.*

Piscis, is. m. *Poisson.*

Pistor, oris. m. *Pannetier.*

Pius, a, um. adj. *Pieux.*

Placeo, es, cui, citum, ere. *Plaire, être agréable.*

Placidè. adv. *Tranquillement.*

Placidus, a, um. adj. *Tranquille, paisible.*

Placo, as, avi, atum, are. *Apaiser, adoucir.*

Placui. *voy.* Placeo.

Planta, æ. f. *Plante.*

Plaustrum, i. n. *Chariot.*

Plenus, a, um. adj. *Plein.*

Plurimùm. adv. *Beaucoup, beaucoup de.*

Pluvia, æ. f. *Pluie.*

Pœna, æ. f. *Peine, châtiment, supplice.* Dare luere, exsolvere pœnas. *Porter la peine, être puni.*

Pœnitet, uit, ere. *Se repentir.*

Polliceor, eris, citus, eri. *Promettre.*

F

Pono, is, posui, situm, ere. *Placer, mettre, élever.*

Porrigo, is, perrexi, porrectum, ere. *Présenter.*

Porro. adv. *Or.*

Porto, as, avi, atum, are. *Porter.*

Possum, potes, potui, posse. *Pouvoir.*

Post. prép. *Après.*

Postea. adv. *Après cela, ensuite, depuis.*

Posteri, orum. pl. m. *Descendans, postérité.*

Postquàm. conj. *Après que, depuis que, lorsque.*

Postremò. adv. *Enfin, en dernier lieu.*

Postridiè. adv. *Le lendemain.*

Postulatio, onis. f. *Demande.*

Potens, entis. adj. *Puissant.*

Potestas, atis. f. *Pouvoir, liberté.*

Potior, iris, itus, iri. *Etre maître, s'emparer.*

Potiùs. adv. *Plutôt.*

Potus, ûs. m. *Boisson.* Potum dare. *Donner à boire.*

Præ. prép. *En comparaison de, à force de, plus que.*

Præbeo, es, bui, bitum, ere. *Fournir, donner, présenter.*

Præfectus, i. m. *Officier général, préfet.*

Præfero, fers, tuli, latum, ferre. *Porter, porter devant soi.*

Præficio, is, feci, fectum, ere. *Mettre à la tête.*

Prælium, ii. n. *Bataille, combat.*

Prænosco, is, novi, ere. *Connoître d'avance.*

Præscio, is, ivi, itum, ire. *Prévoir.*

Præsertìm. adv. *Sur-tout.*

Præsidium, ii. n. *Garnison, secours.*

Præsum, es, fui, esse. *Etre à la tête, être chef.*

Præter. prép. *Outre, excepté.*

Præteritus, a, um. adj. *Passé.*

Prando, is, didi, ere. *Diner.*

Præceptor, oris. n. *Précepteur.*

Pravus, a, um. adj. *Mauvais.*

Preces, um. pl. f. *Prières.* Preces fundere. *Faire des prières.*

Precor, aris, atus, ari. *Prier, souhaiter.*

Premo, is, pressi, pressum, ere. *Presser, accabler.*

Pretiosus, a, um. adj. *Précieux.*

Pretium, ii. n. *Prix, salaire.*

Primogenitus, i. m. *Premier-né, ainé.* Jus primogeniti. *Droit d'ainesse.*

Primus, a, um. adj. *Premier.*

Prior, or, us. adj. *Premier.*

Pristinus, a, um. adj. *Ancien.*

Priùs. adv. *Auparavant.*

Pro. prép. *Pour, selon, au lieu de, à la place de.*

Probus, a, um. adj. *Probe, de bien.*

Procedo, is, cessi, cessum, ere. *S'avancer.*

Procul. adv. *Loin, de loin.*

Prodeo, is, ivi, itum, ire. *Sortir, aller, paroître, s'avancer.*

Profectus, a, um. *voy.* Proficiscor.

Profero, fers, tuli, latum, ferre. *Tirer, produire, prononcer, présenter.*

Proficiscor, eris, citus, i. *Partir.*

Progenies, ei. f. *Race.*

Progredior, eris, gressus, di. *S'avancer, marcher contre.*

Prohibeo, es, bui, bitum, ere. *Défendre, empêcher.*

Projicio, is, jeci, jectum, ere. *Jeter.*

Proles, is. f. *Postérité.*

Promissum, i. n. *Promesse.* Promissis stare. *Être fidèle à ses promesses.*

Promitto, is, isi, issum, ere. *Promettre.*

Pronus, a, um. adj. *Incliné, prosterné.*

Propago, as, avi, atum, are. *Étendre, multiplier.*

Propè. prép. *Auprès de, près.*

Propero, as, avi, atum, are. *Courir à, se hâter d'aller.*

Propitius, a, um. adj. *Propice, favorable.*

Propius. adv. *Plus près.*

Propter. prép. *A cause de, près de.*

Prosper, a, um. adj. *Heureux.*

Prosperè. adv. *Heureusement.*

Prosum, prodes, fui, desse. *Servir, être utile.*

Providentia, æ. f. *Providence.*

Provideo, es, di, sum, ere. *Prévoir, fournir.*

Proximus, a, um. adj. *Proche, prochain.*

Publicus, a, um. adj. *Public.*

Pudet, puduit, pudere. *Avoir honte.*

Pudor, oris. m. *Pudeur.*

Puella, æ. f. *Jeune-fille.*

Puer, i. m. *Enfant.* A puero. *Dès l'enfance.*

Pugna, æ. f. *Combat, bataille.*

Pulcher, ra, um. adj. *Beau, belle.*

Pulchritudo, inis. f. *Beauté.*

Punio, is, ivi, ire. *Punir.*

Pulmentum, i. n. *Ragout.*

Purgo, as, avi, atum, are. *Nettoyer, justifier.*

Purus, a, um. adj. *Pur.*

Puteus, i. m. *Puits, citerne.*

Putiphar, aris. m. *Putiphar.*

Q

Quadraginta. ind. *Quarante.*

Quæro, is, sivi, situm, ere. *Chercher, demander, tirer.*

Quàm. adv. *Combien, que.*

Quarè. adv. *Pourquoi, c'est pourquoi.*

Quartus, a, um. adj. *Quatrième.*

Quasi. adv. *Comme, comme si.*

Que. conj. *Et.*

Queror, eris, questus, ri. *Se plaindre.*

Qui, quæ, quod. pr. *Qui, lequel, que. — celui qui, celui que, ce qui, ce que. — Il, le, lui, etc.*

Quidam, quædam, quoddam. pr. *Quelque, quelqu'un, un certain.*

Quidem. adv. *A la vérité, même.*

Quies, etis. f. *Repos, sommeil.*

F 2

Quiesco, is, evi, etum, ere. *Se reposer.*

Quindecim. ind. *Quinze.*

Quinque. ind. *Cinq.*

Quintuplum, i. n. *Cinq fois autant, cinq fois.*

Quintus, a, um. adj. *Cinquième.*

Quis, quæ, quod, quid. pr. *Quel, lequel, quelle chose.*

Quisnam, quænam, quodnam, quidnam. pr. *Qui, quel, lequel, quelle chose.*

Quisquam, quæquam, quodquam, quidquam. pr. *Quelqu'un, personne, rien.*

Quocumque. adv. *En quelque lieu que.*

Quomodo. adv. *Comment.*

Quoniam. conj. *Parce que, puisque.*

Quoque. adv. *Aussi.*

Quorsùm. adv. *A quoi.*

Quotidiè. adv. *Tous les jours.*

R

RACHEL, elis. f. *Rachel.*

Rapidus, a, um. adj. *Rapide.*

Ramus, i. m. *Branche, rameau.*

Rebecca, æ. f. *Rébecca.*

Recedo, is, cessi, cessum, ere. *Se retirer.*

Recido, is, cidi, ere. *Retomber.*

Recipio, is, cepi, ceptum, ere. *Recevoir, retirer, recouvrer.*

Recondo, is, didi, ditum, ere. *Renfermer, serrer, cacher.*

Recordor, aris, atus, ari. *Se souvenir.*

Rectè. adv. *Bien, sagement.*

Rector, oris. m. *Recteur.*

Rectus, a, um. adj. *Droit.*

Reddo, is, didi, ditum, ere. *Rendre.*

Redeo, is, ivi, itum, ire. *Revenir, retourner.* Redire in gratiam. *Rentrer en grâce.*

Reduco, is, duxi, ductum, ere. *Ramener, reconduire.*

Refero, fers, tuli, latum, erre. *Rapporter, remporter.*

Regina, æ. f. *Reine.*

Regio, onis. f. *Pays, contrée.*

Regnum, i. n. *Royaume, royauté.*

Regredior, eris, gressi, di. *Rentrer, retourner, rétrograder.*

Reipsà. adv. *En effet.*

Religio, onis. f. *Religion.*

Relinquo, is, liqui, lictum, ere. *Quitter, laisser.*

Remaneo, es, mansi, mansum, ere. *Rester.*

Remitto, is, isi, issum, ere. *Renvoyer.*

Remunero, as, avi, atum, are. *Récompenser.*

Rependo, is, di, sum, ere. *Rendre.*

Reperio, is, ri, pertum, ire. *Trouver.*

Repleo, es, evi, etum, ere. *Remplir.*

Repono, is, posui, positum, ere. *Remettre, déposer.*

Reporto, as, avi, atum, are. *Rapporter, remporter.*

Reprehendo, is, di, sum, ere. *Blâmer, reprendre, réprimander.*

Repto, as, avi, atum, are. Ramper.

Res, ei. f. Chose, action, sujet, évènement, bien, Rem benè gerere. Réussir. Rem malè gerere. Mal réussir. Rem afflictàm restituere. Mettre les affaires en meilleur état.

Resideo, es, sedi, ere. Rester, retomber.

Resisto, is, restiti, ere. Résister, s'opposer.

Respicio, is, pexi, pectum, ere. Regarder derrière soi, se retourner.

Respondeo, es, di, sum, ere. Répondre.

Restituo, is, tui, tutum, ere. Rétablir, rendre.

Retineo, es, nui, tentum, ere. Retenir.

Revertor, eris, versus, ti. Retourner, revenir.

Rideo, es, risi, risum, ere. Rire.

Rogo, as, avi, atum, are. Prier, demander.

Roma, æ. f. Rome.

Rosa, æ. f. Rose.

Ruina, æ. f. Chûte, ruine.

Ruben, enis. m. Ruben.

Rubigo, inis. f. Rouille.

Ruo, is, rui, ruitum, ere. Tomber, se jeter.

Rursùm ou rursus. adv. De nouveau, une seconde fois.

Rus, ruris. n. Champ, campagne.

S

Saccus, i. m. Sac.

Sacrificium, ii. n. Sacrifice.

Sagitta, æ. f. Flèche.

Salto, as, avi, atum, are. Danser.

Saluto, as, avi, atum, are. Saluer.

Salvus, a, um. adj. Sain et sauf, en bonne santé, bien portant.

Sanctus, a, um. adj. Saint, juste.

Sanguis, inis. m. Sang.

Sano, as, avi, atum, are. Guérir.

Sapiens, entis. adj. Sage.

Sapienter. adv. Sagement.

Sara, æ. f. Sara.

Satio, as, avi, atum, are. Rassasier.

Scala, æ. f. Echelle.

Scelus, eris. n. Crime.

Scidi. voy. Scindo.

Scientia, æ. f. Science.

Scilicet. adv. Savoir, en effet.

Scindo, is, scidi, scissum, ere. Déchirer.

Scio, is, scivi, scitum, ire. Savoir, connoître.

Scirpeus, a, um. adj. De jonc.

Sciscitor, as, aris, atus, ari. Demander, interroger, questionner.

Scribo, is, psi, ptum, ere. Ecrire.

Scrutor, aris, atus, ari. Visiter, fouiller.

Secum, pour Cum se.

Secundo, adv. Secondement, pour la seconde fois.

Secundus, a, um. adj. Second.

Securis, is. f. Hache.

Sed. conj. Mais.

Sedatus, a, um. participe. Apaisé, calmé.

Semel. adv. Une fois.

Semus, i. m. Sem.

Senectus, utis. f. Vieillesse.

Senesco, is, senui, ere. Vieillir, avancer en âge.

F 3

Senex, necis. m. *Vieillard*, *vieux.*

Sensìm. adv. *Peu à peu.*

Sententia, æ. f. *Sentiment*, *avis.*

Septem. ind. *Sept.*

Septimus, a, um. adj. *Septième.*

Sepulcrum, i. n. *Sépulcre*, *tombeau.*

Sequor, eris, secutus, qui. *Suivre.*

Serpens, entis. m. *Serpent.*

Servitus, utis. f. *Servitude*, *esclavage.*

Servus, i. m. *Serviteur*, *esclave.*

Sex. ind. **Six.**

Sextus, a, um. adj. *Sixième.*

Si conj. *Si.* Si quandò, si quis; *pour si aliquandò*, si aliquis, etc.

Sic. conj. *Ainsi.*

Sicilia, æ. f. *Sicile.*

Significo, as, avi, atum, are. *Marquer.*

Signum, i. n. *Signe*, *marque.*

Simeon, onis. m. *Siméon.*

Similis, is, e. adj. *Semblable.*

Similitudo, inis. f. *Ressemblance.*

Simius, ii. m. *Singe.*

Simplex, plicis. adj. *Simple.*

Simul. adv. *Ensemble*, *en même temps.*

Sin. conj. *Si.* Sin autem. *Mais si.*

Sinistra, æ. f. *Main gauche.*

Sino, is, sivi, ere. *Permettre*, *laisser faire.*

Socia, æ. f. *Compagne.*

Sol, solis. m. *Soleil.*

Solemnitas, atis. f. *Solemnité.*

Soleo, es, litus sum, ere. *Avoir coutume.*

Solitus, a, um. adj. *Accoutumé.* Tristior solito. *Plus triste qu'à l'ordinaire.*

Solus, a, um. adj. *Seul.*

Somnio, as, avi, atum, are. *Avoir un songe.*

Somnium, ii. n. *Songe.*

Somnus, i. m. *Sommeil.* In somnis. *En songe.*

Sopor, oris. m. *Sommeil.*

Soror, oris. f. *Sœur.*

Specto, as, avi, atum, are. *Regarder*, *tendre à*, *avoir rapport à*, *signifier.*

Spelunca, æ. f. *Caverne.*

Spero, as, avi, atum, are. *Espérer.*

Spica, æ. f. *Epi.*

Spina, æ. f. *Epine.*

Splendidè. adv. *Magnifiquement.*

Splendidus, a, um. *Brillant*, *magnifique.*

Spondeo, es, spopondi, sponsum, ere. *Promettre.*

Statuo, is, tui, tutum, ere. *Résoudre*, *placer.*

Stella, æ. f. *Etoile.*

Sterilis, is, e. adj. *Stérile.*

Sto, stas, steti, stare. *Etre debout*, *se tenir*, *s'arrêter*, *subsister.*

Studeo, es, ui, ere. *Etudier.*

Studium, ii. n. *Etude.*

Stultus, a, um. adj. *Insensé.*

Strues, is. f. *Monceau*, *amas.*

Stupendus, a, um. adj. *Etonnant.*

Suavis, is, e. adj. *Doux*, *agréable.*

Subjicio, is, jeci, jectum, ere. *Soumettre.*

Sublevatus, a, um. part. *Soulevé.*

Subnixus, a, um. part. *Appuyé.*

Subripio, is, epi, eptum, ere. *Dérober.*

Subsidium, ii. n. *Secours, ressource, soulagement.*

Succedo, is, cessi, cessum, ere. *Succéder, réussir.*

Succenseo, es, sui, ere. *Allumer, se fâcher contre.*

Succresco, is, crevi, cretum, ere. *Pousser.*

Succurro, is, i, cursum, ere. *Secourir.*

Suî, sibi, se. pr. *De soi, à soi, soi, se.*

Sum, es, fui, esse. *Etre, appartenir.*

Summus, a, um. adj. *Suprème, extrême, bout de.*

Sumo, is, sumpsi, sumptum, ere. *Prendre.*

Sumptuosus, a, um. adj. *Somptueux.*

Supellex, pellectilis. f. *Meuble.*

Super. pr. *Sur.*

Supero, as, avi, atum, are. *Surpasser, vaincre.*

Superstes, titis. m. *Survivant, qui survit à.*

Supersum, es, fui, esse. *Exister, être, rester.*

Suppedito, as, avi, atum, are. *Fournir.*

Suppono, is, posui, positum, ere. *Mettre sous.*

Surgo, is, surrexi, surrectum, ere. *Se lever, ressusciter.*

Suscipio, is, epi, ceptum, ere. *Entreprendre, accepter.*

Suspendo, is, di, sum, ere. *Pendre, attacher, suspendre.*

Suus, a, um, pr. *Son, sien.*

T

Tabernaculum, i. n. *Tabernacle, tente.*

Tacitus, a, um. adj. *En silence.*

Tædet, uit, ere. *S'ennuyer.*

Tandem. adv. *Enfin.*

Tango, is, tetigi, tactum, ere. *Toucher.*

Tantoperè. adv. *Si fort.*

Tanquàm. conj. *Comme si.*

Tantùm. adv. *Tant, seulement.*

Tantus, a, um. adj. *Si grand.*

Tectum, i. n. *Toit.*

Templum, i. n. *Temple.*

Tempus, oris. n. *Temps.*

Teneo, es, nui, tentum, ere. *Tenir, conserver.*

Tento, as, avi, atum, are. *Tenter, mettre à l'épreuve.*

Terra, æ. f. *Terre.* Orbis terrarum. *Univers.*

Terrestris, is, e. adj. *Terrestre.*

Tertius, a, um. adj. *Troisième.*

Texo, is, xui, xtum, ere. *Tisser.* Telamtexere. *Faire de la toile.*

Textus, a, um. *Tissu. voy.* Texo.

Timeo, es, mui, ere. *Craindre, redouter.*

Tingo, is, tinxi, tinctum, ere. *Tremper dans.*

Toga, æ. f. *Robe.*

Tollo, is, sustuli, sublatum, ere. *Prendre, enlever.*

Torques, quitis. m. *Collier.*

Totidem. adv. *Autant de.*

Totus, a, um. adj. *Tout, entier.*

Transfero, fers, tuli, la-tum, ferre. *Transporter.*

Tres, tres, tria. pl. adj. *Trois.*

Tribuo, is, bui, butum, ere. *Donner, attribuer.*

Triginta. ind. *Trente.*

Trigentesimus, a, um. *nom de nombre. trois centième.*

Tristis, is, e. adj. *Triste.*

Triticum, i. n. *Froment, blé.*

Tu, tuî, tibi, te. pr. *Tu, toi, vous.*

Tùm. adv. *Alors.*

Tunc. adv. *Alors.*

Tunica, æ. f. *Tunique, robe.*

Turbo, as, avi, atum, are. *Troubler.*

Tutus, a, um. adj. *En sûreté, à l'abri de.*

Tuus, a, um. pr. *Ton, tien.*

seul, un même. Ad unum. *Jusqu'au dernier, sans exception.*

Unusquisque, unaquæque, unumqnodque. pro. *Chaque, chacun.*

Urbs, urbis. f. *Ville.*

Urna, æ. f. *Cruche, urne.*

Uro, is, ussi, ustum, ere. *Brûler.*

Usus, ûs. m. *Usage.*

Ut. conj. *Pour que, afin que, lorsque.*

Uterque, utraque, utrumque. pr. *L'un et l'autre, tous deux.*

Utor, eris, usus, uti. *Se servir, user, faire usage.*

Uva, æ. f. *Raisin, jus de raisin.*

Uxor, oris. f. *Epouse.* Uxorem ducere. *prendre une femme.*

U

Ubertas, atis. f. *Fertilité, abondance.*

Ubi. adv. *Où.*

Ubinam. adv. *Où, en quel lieu.*

Ulciscor, eris, ultus, sci. *Se venger.*

Ullus, a, um. adj. *Aucun.*

Ulmus, i. f. *Ormeau.*

Unâ. adv. *Ensemble.*

Undè. adv. *D'où.*

Undecim. ind. *Onze.*

Undecimus, a, um. adj. *Onzième.*

Unicè. adv. *Uniquement, tendrement.*

Unicus, a, um. adj. *Unique.*

Universus, a, um. adj. *Tout entier.*

Unquàm. adv. *Jamais.*

Unus, a, um. adj. *Un, un*

V

Vacca, æ. f. *Vache, génisse.*

Vagus, a, um. adj. *Errant.*

Valdè. adv. *Fort, beaucoup.*

Valeo, es, lui, ere. *Pouvoir, se porter bien.*

Valetudo, inis. f. *Santé.*

Validus, a, um. adj. *Fort.*

Varius, a, um. *Divers, différent.*

Vas, vasis. n. *Vase.*

Vasto, as, avi, atum, are. *Ravager.*

Vehemens, entis. adj. *Violent.*

Veho, is, vexi, vectum, ere. *Voiturer, porter, transporter.*

Velox, ocis. adj. *Rapide.*

Venatio, onis. f. *Chasse, gibier.*

Venator, oris. m. *Chasseur.*

Vendo, is, didi, ditum, ere. *Vendre*.

Venerandus, a, um. adj. *Vénérable*.

Venia, æ. f. *Pardon, permission, grâce*. Cum bonâ veniâ. *Avec indulgence*.

Venturus, a, um. *voy*. Venio.

Ventus, i. m. *Vent*.

Vepres, ium. pl. m. *Epines, ronces, buissons*.

Ver, eris. n. *Printemps*.

Verbum, i. n. *Mot, terme, parole*.

Vereor, eris, ritus, eri. *Craindre, respecter*.

Verò. conj. *Mais*. Ego verò. *Pour moi*.

Verus, a, um. adj. *Vrai, véritable*.

Vesper, i. m. *Soir*.

Vespertinus, a, um. adj. *Du soir*.

Vester, a, um. pr. *Votre, le vôtre*.

Vestimentum, i. n. *Habillement*.

Vestis, is. f. *Habit, vêtement*.

Veto, as, vetui, vetitum, are. *Défendre, interdire*.

Vexo, as, avi, atum, are. *Tourmenter*.

Via, æ. f. *Route, chemin*. Se dare in viam. *Se mettre en route*.

Vicinus, a, um. adj. *Voisin*.

Victoria, æ. f. *Victoire*.

Victus, ûs. m. *Nourriture*.

Video, es, di, sum, ere. *Voir*. Videor. *Paroître, sembler, être vu*.

Viginti. ind. *Vingt*.

Vilis, is, e. adj. *Vil*.

Vinco, is, vici, victum, ere. *Vaincre*.

Vinculum, i. n. *Chaîne, lien*.

Vinum, i. n. *Vin*.

Vir, viri. m. *Homme, mari, personnage*.

Virens, entis. *Vert*.

Viridis. m. f. e. n. *Vert*.

Virgo, inis. f. *Jeune fille*.

Virtus, utis. f. *Vertu, force, courage, valeur*.

Vis, vis. f. *Force, violence*.

Vitis, is. f. *Vigne*.

Vitium, ii. n. *Vice*.

Vivens, entis. *Vivant*. *voy*. Vivo.

Vivo, is, vixi, victum, ere. *Vivre, être vivant*.

Vobiscum, *pour* Cum vobis.

Voco, as, avi, atum, are.

Volito, as, avi, atum, are. *Voltiger, voler*.

Volo, vis, volui, volitum, velle. *Vouloir*.

Voluntas, atis. f. *Volonté, désir*. Ità fert voluntas Dei. *Telle est la volonté de Dieu*.

Voro, as, avi, atum, are. *Dévorer*.

Vox, vocis. f. *Voix, parole*.

Vulnus, eris. n. *Blessure*.

Vulpes, is. f. *Renard*.

FIN.

OUVRAGES
DU MÊME AUTEUR,
A L'USAGE
DE MM. LES INSTITUTEURS.

GRAMMAIRE FRANÇAISE de Lhomond, revue
et augmentée par F. D. Aynès, dixième
édition.

GRAMMAIRE LATINE de Lhomond, revue et cor-
rigée par F. D. Aynès, dixième édition.

Nota. Ces deux Ouvrages sont générale-
ment adoptés par MM. les Professeurs,
et les améliorations qu'y a faites M.
Aynès rendent ces éditions bien préfé-
rables à toutes celles qui ne portent pas
son nom.

LE LIVRE DES PREMIÈRES CLASSES *ou* EXERCICES
LATINS ET FRANÇAIS, à l'usage des Commençans, par F. D. Aynès.

Nota. Ce nouvel Ouvrage présente un
Cours de Thèmes et de Versions, à la
portée de ceux qui commencent l'étude
du latin : il est accompagné d'un double
Dictionnaire, l'un pour les Thèmes, et
l'autre pour les Versions ; et, par ce
moyen, l'Auteur économise aux parens
l'achat de deux Dictionnaires qui, ordinairement, ne survivent pas au-delà de
la Sixième.

MANUEL DES ECOLES PRIMAIRES , dédié aux Frères des Ecoles chrétiennes , par F. D. Aynès , 2e. édition.

Nota. Cet Ouvrage renferme deux parties très-distinctes , et qui peuvent se vendre séparément. La première renferme une nouvelle Grammaire française , par demandes et réponses , distribuée en trente-sept Leçons , graduées suivant les difficultés , et dont chacune est accompagnée d'un Exercice orthographique qui lui est relatif. Cette Grammaire est beaucoup plus complette que celle de Lhomond revue par l'Auteur , et elle mérite la préférence , soit par l'ordre qui y est établi , soit par rapport aux Exercices qui l'accompagnent.

La deuxième partie de ce Manuel renferme un petit Traité complet d'arithmétique , par demandes et réponses , suivant le Système décimal. L'Auteur y donne les moyens de résoudre tous les problêmes que l'on peut proposer sur les proportions , et il termine son Ouvrage par une Table fort commode pour le calcul des intérêts , des mois et des jours.

NOUVEAU DICTIONNAIRE UNIVERSEL de la Géographie moderne , par F. D. Aynès ; nouv. Edition , contenant les derniers changemens.

GÉOGRAPHIE ABRÉGÉE DU TEMPS PRÉSENT , par F. D. Aynès , auteur du Nouveau Diction-

naire universel de la Géographie ancienne
et moderne.

> *Nota.* Cet Ouvrage paroîtra au commen-
> cement de 1818 ; il sera orné de six
> Cartes géographiques dressées par l'Au-
> teur, et commencera par un Traité de
> Sphère.

GRADUS AD PARNASSUM, *ou* Dictionnaire poé-
tique latin-français, revu et corrigé par F. D.
Aynès ; troisième Edition ornée des étymo-
logies grecques et de quantité de notes cri-
tiques. *(sous presse).*

> *Nota.* MM. les Professeurs préféreront
> cette Edition, qui paroîtra dans quel-
> ques mois, au *Gradus* de M. Noel, où
> les écoliers trouvent la plupart des vers
> qu'on leur donne à faire.

ON trouve aussi chez le même Libraire tous les
Classiques latins et français des meilleurs Auteurs, et particulièrement la Collection des
Classiques A. M. D. G★★★. Cette Collection
a mérité l'approbation de MM. le *Recteur* et
l'*Inspecteur* de l'Académie, et est adoptée dans
les principaux petits Séminaires ; elle est ap-
propriée à l'usage des Colléges royaux et autres Etablissemens d'instruction. Elle se com-
pose des Auteurs latins et leurs traductions,
des Ouvrages élémentaires et d'un Cours d'Histoire. Ces Ouvrages se vendent séparément.

F I N.

mmen-
six
l'As-
de

pas-
f. O.

diffèrent
quel-
, ou
vers

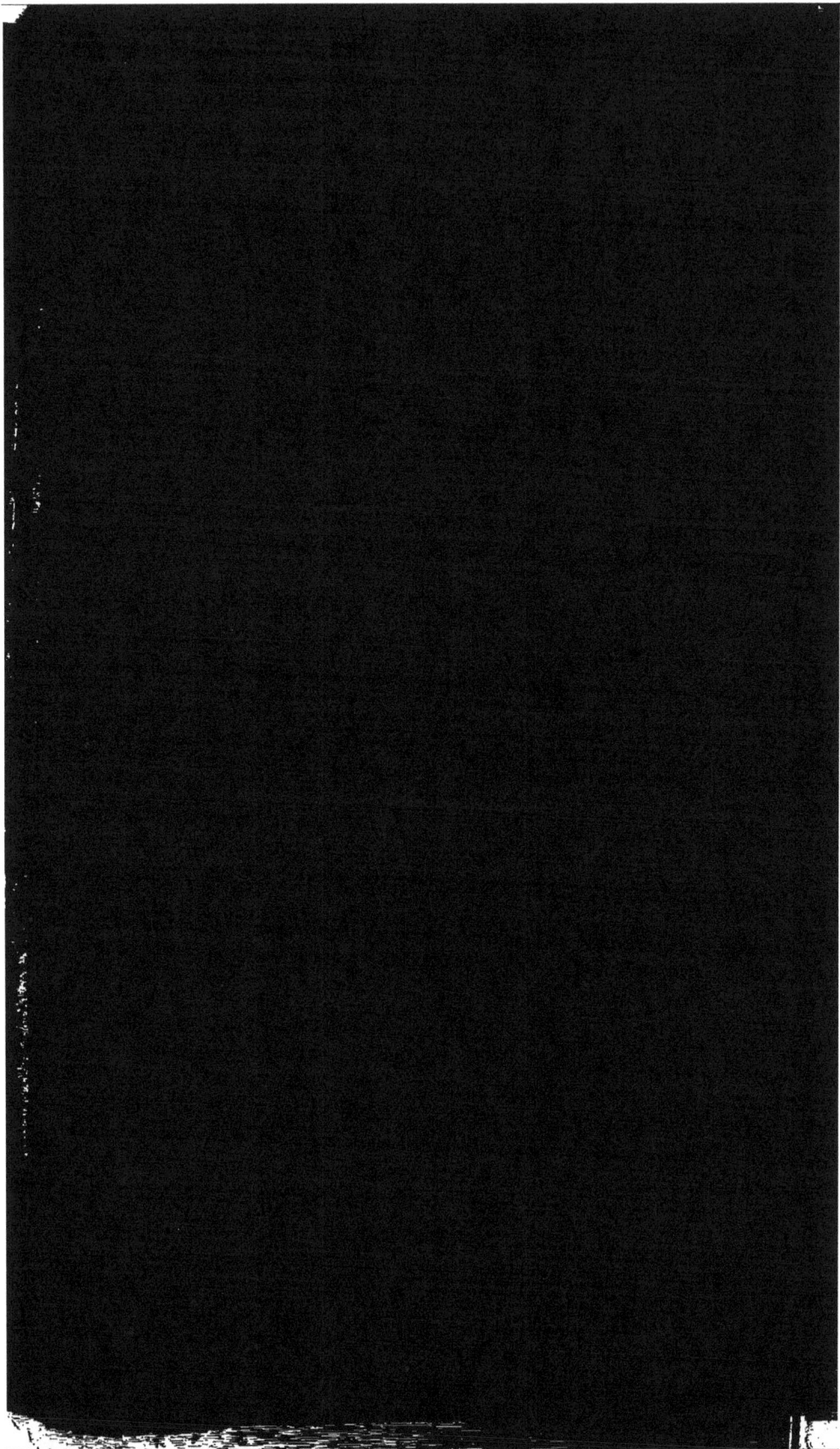

www.ingramcontent.com/pod-product-compliance
Lightning Source LLC
Chambersburg PA
CBHW052208270326
41931CB00011B/2273